ARBO
Schlachthof
Eishalle
Rechte Brückenstr.
Petzoldstraße
Holzstraße
Landesfrauenklinik
Kirche St. Severin
Europaschule
Stelzerstraße
Huebersträße
Kaplanhofstraße
Reischekstraße
Hyrtlstraße
Derfflingerstraße
Im Hühnersteig
Sportplatz SV Polizei
Paul-Hahn-Str.
Sportplatz der HTL
Alternatives Kulturzentrum Posthof
Regensburger Straße
Industriezeile
Allgemeines Krankenhaus
O.Ö. Gebietskrankenkasse
Krankenhausstr.
Kinderspital
Sportplatz ATSV Stamm
Garnisonstr.
Städtischer Wirtschaftshof
Bahnhof Stadthafen
DESIGN CENTER
Prinz-Eugen-Str
Industriegebiet
Hafen
Prinz Eugen Straße
Diesterwegschule
Marktplatz
Familienkirche
Raiffeisen Platz
Europa Platz
DESIGN-CENTER Kongreß u Ausstellungs Zentrum
Technische Prüfstelle
Liebigstraße
Franckstraße
Hittmairstraße
St. Barbara Friedhof
Friedhofstraße
Lenaustraße
Frachtenbahnhof
Wimhölzelstraße
Lonstorfer Platz
Obachpl.
Keißler pl
Chemie Platz
Chemie Linz
Volkshaus Franckviertel
Dorfhalleschule

W0460803

Linz

Stadt an der Donau

Ein illustriertes Reisehandbuch
von Helmut P. Einfalt

EDITION TEMMEN

Die Deutsche Bibliothek – CIP-Einheitsaufnahme
Einfalt, Helmut P.: Linz : Stadt an der Donau ;
ein illustriertes Reisehandbuch /
von Helmut P. Einfalt. –
Bremen : Ed. Temmen, 1995

ISBN 3-86108-427-9

Bildnachweis
Bundesministerium für Inneres, Abteilung IV/7: S. 147
Design Center Linz: S. 121
Fremdenverkehrszentrale Linz: S. 8–15, 23–27, 32–33, 49, 68–77, 85–87,
91, 101, 105, 107–113, 119, 125–127, 130, Umschlagbild
Walter Hofstadler, Pregarten, S. 139, 142
Stadtmuseum Nordico: S. 16, 20, 29, 37, 42–44, 53, 57–61,
67, 79–80, 83–87, 96–97, 100, 102, 106,
114–116, 120, 122, 129, 132–133, 138
Technisches Museum, Wien: S. 40
Tourismusregion Salzkammergut: S. 134–135
Tourismusverband St. Florian, Baumgartner: S. 137
Alle übrigen: Helmut P. Einfalt und Verlagsarchiv

Kartographie: Herbert Wimmer, Linz

Alle Zahlenangaben beruhen auf Mitteilungen des
Amtes für Presse und Information der Landeshauptstadt Linz
Stand: 1.1.1995

Das Frontispiz zeigt den Aufsatz der Dreifaltigkeitssäule

Hohenlohestr. 21 – 29209 Bremen
Tel. 0421–344280/341727 – Fax 348094

Herstellung: Edition Temmen

ISBN 3-86108-427-9

Inhalt

Einführung ... 7

Historisches ... 10

Anfänge und Aufstieg ... 10
Von der Kaiserpfalz zur Reichshauptstadt ... 12
Hausburg der Habsburger ... 17
Reformation und Gegenreformation – Die Macht der Stände ... 21
Wissenschaft, Glaube und Bauernkrieg ... 24
Letzte Blüte im Barock ... 26
Das Rokoko ... 30
Mozart und der Bischofsstuhl – Zwischen Aufklärung und Napoleon ... 31
Schlimme Zeiten – Die napoleonischen Kriege ... 35
Salz, Schienen und Schiffe – Industrialisierung und Biedermeier ... 38
Gründerzeit ... 41
Die kurzlebigste Stadt Österreichs: Urfahr ... 45
Der Rest ist Österreich – Vom Untergang der Monarchie zum Februar 1934 ... 48
»Es wird nicht mehr verhandelt…« – Vom Ständestaat zur Annexion ... 52
»Heim ins Reich« – 1938–1945 ... 56
Die geteilte Stadt – Vom Kriegsende zum Staatsvertrag ... 59
Stahlstadt Linz – 1955–1975 ... 63
Die »sauberste Industriestadt« im Wandel – Linz in den achtziger und neunziger Jahren ... 64

Musen und Museen – Kulturstadt Linz ... 70

Stadtrundgänge ... 78

Rund um den Hauptplatz ... 78
Die Altstadt ... 86
Östlich des Hauptplatzes ... 94
Schloßberg und Römerberg ... 99
An der Donaulände ... 103
Vom Hauptplatz zum Neuen Dom ... 107
Kapuzinerstraße und Freinberg ... 117
Südbahnhofmarkt und Design Center ... 119
Urfahr und der Pöstlingberg ... 123
Die Donau aufwärts ... 129

Linz in Zahlen ... 132

Ausflüge 136
Barock im Traunviertel – St. Florian 136
Gotik im Mühlviertel – Kefermarkt, Freistadt, St. Michael 140
Bei den Nachbarn – Böhmerwald und Moldaustausee 143
Salz und Granit – Mauthausen 146
Renaissance und Industriemuseum – Steyr 148
Kur und Kaiser – Das Salzkammergut 151

Praktische Informationen 154

Index 162

Einführung

»Obschon ich niemals in Linz war,
stand ich doch mit dieser Stadt in einer guten Gefühlsbeziehung
und halte sie in freundlicher Erinnerung.
Denn über Linz führte die Bahnreise ins Salzkammergut...
Für mein Gefühl begann hinter Linz der Sommer.«
[Alfred Polgar]

Heutzutage fährt man nicht mehr mit der Eisenbahn in die Sommerfrische. Und deshalb ist auch jene Einstellung ausgestorben, die Alfred Polgar noch anspricht: Er kannte zwar Linz nicht, aber es war ihm sympathisch, weil hinter Linz schon fast das Salzkammergut begann, die Sommerfrische, die unbeschwerte Zeit.
Heute fährt man durch Linz, wenn man mit dem Zug von Salzburg nach Wien will (oder umgekehrt) oder mit dem Auto Richtung Prag. Und an Linz vorbei, wenn man über die Westautobahn fährt. Was man dabei von Linz sieht, ist wichtig, ist typisch, aber es ist nicht die Stadt. Es ist der industrielle Aspekt, der Linz vor allem in der Nachkriegszeit zu einer modernen, aufgeschlossenen, ja, und auch reichen Stadt gemacht hat.
Der Stadtkern aber, zweitausend Jahre alt, bleibt versteckt. Und der ganze Charme eines Ortes, der seit jeher eine reiche Stadt war durch seinen Handel, ein bisserl provinziell zwar, aber dafür auch glücklich, ein wenig verschlafen vielleicht, aber dafür von den großen Stürmen der Geschichte nur am Rande gebeutelt, der ist *in* der Stadt zu finden, nicht im Industriegebiet, nicht in den Vorstädten. Diesen Charme zu genießen, die gotische Altstadt hinter ihren Barockfassaden zu entdecken, die Provinzmetropole und Kaiserresidenz zu erkunden, die Hochburg zeitgenössischer Kultur und die stillen Baudenkmäler des Jugendstils zu erleben, dazu möchte Sie dieses illustrierte Reisehandbuch einladen. Daß in der oberösterreichischen Landeshauptstadt steter Wandel mit dem Bewahren des Gewachsenen Hand in Hand geht, unterstreichen die zahlreichen historischen Abbildungen des Buches, und manch eines unter den zeitgenössischen Zitaten bezeugt die Wertschätzung, die Linz auch schon bei früheren Reisenden gefunden hat. Denn, so gottgewollt der Reim von »Linz« auf »Provinz« auch scheint, die Zeit hat ihn überholt, und man kann zu Recht mit Herzmanovsky-Orlando sagen:

Ihr seht, voll Kurzweil ist das Linzer Treiben –
Drum auf nach Linz, und laßt uns dorten bleiben!

Helmut Peter Einfalt

Historisches

Anfänge und Aufstieg

»Hanc qui condidit primus, quo tempore et anno
Nominis aut hujus quae sit origo vetus
Vix poterit dici...«
[»Wer diese als erster gegründet hat, zu welcher Zeit, in welchem Jahr, oder welchen alten Ursprungs ihr Name sei, kann kaum gesagt werden...«
Caspar Bruschius, böhmischer Historiograph, 1552]

Wer sich als erster an jener Stelle niedergelassen hat, an der heute die Stadt Linz mit ihren 200.000 Einwohnern steht, und wann, das können wir nur erahnen. *Warum* aber lange vor den Römern hier schon eine Siedlung bestand, ist leicht zu verstehen – der Siedlungsplatz war auf drei Seiten von der Natur geschützt: Im Westen bricht die Donau zwischen zwei Hügeln durch, der südliche davon, der Kürenberg, bietet Schutz und Raum zur Anlage einer Befestigung. Im Norden bildet der Strom eine natürliche Grenze (und die Donau war bis zu ihrer Regulierung Ende des vergangenen Jahrhunderts in diesem Abschnitt für einen Fluß dieser Größe recht reißend), und im Osten schützt das Knie, das die Donau an dieser Stelle macht. Dazu noch der Vorteil, von den Abhängen des Kürenbergs aus eine der ganz wenigen Furten über die Donau kontrollieren zu können – damit ist wohl genug über die Motive der frühesten Siedler gesagt.
Ab 800 v.Chr. wurde das Land von den Illyrern besiedelt, und sie haben wohl auch in Linz eine Siedlung aufgebaut: Der Name »Linz« geht mit großer Wahrscheinlichkeit auf illyrische Wurzeln zurück. Ein Gräberfeld auf dem Gebiet der heutigen Stahlwerke im Südosten der Stadt hat zahlreiche Objekte der Zeit um 600 v.Chr. freigegeben, und im Juli 1994 wurde in Leonding bei Linz eine weitere große Siedlungsstätte ausgegraben. Die Illyrer besiedelten auch die Alpentäler und begründeten den frühesten Salzbergbau in Hallstatt und Hallein. Um 400 v.Chr. wanderten keltische Stämme in das Gebiet der Illyrer ein, und bis etwa 200 v.Chr. formierte sich ein erstes Staatswesen auf dem Gebiet des heutigen Oberösterreich: das Königreich Noricum. Die Kelten betrieben den Salzbergbau keineswegs nur zur Deckung des lokalen Bedarfs, sondern trieben Handel bis nach Skandinavien und Griechenland. Linz lag am Schnittpunkt zweier Handelswege: In West-Ost-Richtung führten Saumpfade die Donau entlang, in Nord-Süd-Richtung ein Handelsweg nach Böhmen und weiter bis ins Baltikum. Die Flußläufe von Enns und Traun entlang (beide münden unweit von Linz in die Donau) wurde Salz im Austausch gegen andere Güter transportiert, kurzum, es wäre verwunderlich, wenn die frühen Linzer nicht aus ihrer Lage an diesem Schnittpunkt der Handelswege Vorteil gezogen hätten. Daß ihre Siedlung bereits im Königreich Noricum recht bedeutend war, beweisen Grabungsfunde:

zwischen 200 v.Chr. und der Eroberung Noricums durch die Römer im Jahre 15 v.Chr. wurde die erste Befestigung auf dem Kürenberg errichtet, etwa einen Kilometer westlich der Siedlungsgrenze der heutigen Stadt. Der ganze Höhenzug war befestigt, gewaltige Wälle mit Steinerkern und Erdanschüttungen erstreckten sich über fast sieben Kilometer. Von dieser ersten Burganlage ist heute so gut wie nichts mehr erhalten, jahrhundertelange Waldkultur hat ebenso viel zerstört wie spätere Nutzung, Kaiser Maximilian I. etwa ließ aus den Resten der alten »Sachsenburg« ein Jagdschloß in der Welser Heide erbauen.
Die Römer bauten Linz systematisch zu einem Militärstützpunkt aus. *Lentia* war ein *castrum*, also ein Militärlager, und obwohl es auch eine römische Zivilbevölkerung neben der einheimischen gegeben hat, wurde der Siedlung nie der Rang eines *municipium* oder einer *colonia*, also einer selbständigen Stadt, zuerkannt.
Nördlich der Donau siedeln die Markomannen und Quaden, und immer wieder kommt es zu kriegerischen Auseinandersetzungen. Auch Linz wird zwischen 270 und 275 zerstört, aber wiederaufgebaut. 304 erleidet ein gewisser Florianus bei Lauriacum (heute bei Enns, rund 20 km östlich von Linz) den Märtyrertod durch Ertränken. Im fünften Jahrhundert ziehen sich die Römer langsam zurück, von Norden und Osten dringen neue Siedler ein: die Rugier im Norden, die ersten Goten im Ostalpenraum. In einem altrömischen Amtskalender aus dem Jahre 411 wird auch *Lentia* erwähnt, aber diese Eintragung ist nur in einer Abschrift aus dem 12. Jahrhundert erhalten. 476 übernimmt Odoaker die Macht im Weströmischen Reich, und für das Gebiet um Linz beginnen noch unruhigere Zeiten: 511 nehmen die Langobarden den Donauraum in Besitz, nach ihrem Abzug rücken Mitte des 6. Jahrhunderts die Awaren nach, dann die Slawen, und schließlich dringen um diese Zeit auch die ersten Bajuwaren im oberbayrischen Raum ein. Um 700 kommt es zu erbitterten Grenzkriegen zwischen Bajuwaren und Awaren, im Laufe derer die alte Römerstadt Lauriacum zerstört wird.
768 kommt Karl der Große an die Macht, 772 besiegt der Bayernherzog Tassilo III. die Karantanen und begründet 777 das Kloster Kremsmünster. Karl der Große organisiert den Kampf gegen die Awaren und zieht 791 auf dem Feldzug gegen das Awarenreich durch Linz.
799 verleiht Karl der Große seinem Schwager Kerold die Kirche des heiligen Martin oberhalb des *Linze* genannten Ortes und auch das zu dieser Eigenkirche gehörige *castrum*, und damit tritt Linz endlich erstmalig urkundlich erwähnt auf.

Die Luftaufnahme auf der vorigen Doppelseite zeigt die Stadt von Norden. Schön erkennbar sind das Donauknie und der die Stadt im Westen begrenzende und schützende Hügelzug Schloßberg – Römerberg – Kürnberger Wald.

Von der Kaiserpfalz zur Reichshauptstadt

»...hoc est in pago Trungouue in loco, cui vocabulum est Linze, super magnum flumen Danubium id est ecclesia, que constructa in honore sancti ac beatissimi Martini episcopi ... cum omni pertinentia vel soliditate sua uicquid ad ipsam ecclesiam vel ad ipsum castrum aspicere vel pertinere videtur...«
[...das ist im Traungau an jenem Ort, dessen Namen Linz ist, über dem großen Flusse Donau nämlich die Kirche, erbaut zu Ehren des heiligen und seligsten Bischofs Martin ... mit allem Zugehör und Besitz, was immer zu dieser Kirche und zu dieser Burg hinzusehen oder zu gehören scheint...
Verleihungsurkunde von 799.]

Bei dem *castrum* aus der karolingischen Verleihungsurkunde handelte es sich um eine Befestigung, die mit großer Wahrscheinlichkeit neben der Martinskirche an jener Stelle lag, an der auch heute noch das Linzer Schloß steht. Die Annahme, daß Linz eine Pfalzstadt war, wird durch die nächsten urkundlichen Erwähnungen unterstützt: 821 wird von Linz als einem »bedeutenden Ort« gesprochen, eine Urkunde aus der Mitte des 9. Jahrhunderts erwähnt Linz als *locus publicus,* als Ort der Setzung öffentlicher Rechtshandlungen, was bedeutet, daß es unter Königsrecht stand. 903–905 treten in Raffelstetten, einem kleinen Ort rund 15 Kilometer donauabwärts, die Vertreter der Donauorte zusammen, um eine Zollordnung zu erlassen, d.h. um die durch Kriegswirren durcheinandergeratenen Zollgerechtigkeiten wieder festzuschreiben.

In der damals erlassenen *Raffelstettener Zollordnung* werden die Linz betreffenden Bestimmungen wie folgt festgehalten: Alle bis Linz fahrenden Salzschiffe müssen der Stadt drei Scheffel Salz entrichten, mitgeführte Sklaven hingegen bleiben steuerfrei. Für die Bayern bleibt das zum Eigenverbrauch bestimmte Salz steuerfrei, der Rest unterliegt der Abgabepflicht. Wer als Freier ohne zu zahlen durchfährt oder falsche Angaben zur Zollpflicht macht, verliert Schiff und Ladung, Unfreie werden bis zur Auslösung durch ihren Herrn festgehalten. Die Bayern und die in Bayern ansässigen Slawen (!) haben das Recht, zum Ankauf von Lebensmitteln nach Linz zu kommen. Wer als Fremder einen Marktort nur durchreist, darf die Straßenmitte nicht verlassen, andernfalls darf er zwar verkaufen, muß aber den vorgeschriebenen Zoll entrichten.

Diese Zollordnung gibt schon einen Hinweis auf die Gründe des wirtschaftlichen Aufstiegs der Stadt während der nächsten Jahrhunderte: Wer mußte denn *nicht* durch Linz auf dem Weg von Passau nach Osten oder ins Innere des Landes?
936 hatte Kaiser Otto I. die Grenzmarken neu geordnet, die Ostmark, die das Reich gegen Ungarn absicherte, wurde 976 den Babenbergern übertragen. 996 wird dieses Gebiet in einer Schenkungsurkunde erstmals *ostarrichi* genannt – der Begriff Österreich ist damit geprägt. Er wird für Linz noch einige Bedeutung erlangen.
1156 wird Österreich (das etwa das heutige Niederösterreich umfaßte) zum Herzogtum erhoben und die Herzogswürde erblich. Der frischgebackene Herzog Heinrich II. Jasomirgott verlegt seine Residenz nach Wien, muß aber als Gegenleistung für seine neue Würde das Herzogtum Bayern abge-

ben. Linz gehört zum abgetretenen Teil und bleibt bayrisch oder passauisch, bis Herzog Leopold VI. von Österreich es 1210 den bayrischen Haunspergern abkauft. Dieser Kauf bringt Linz den Vorzug, nunmehr eine landesfürstliche Stadt zu sein (also nur dem jeweiligen Landesherrscher zu unterstehen), und den Ausbau nach dem für alle babenbergischen Städte gültigen Plan. Unter Kaiser Karl noch Grenzfestung gegen *Osten,* ist Linz nun zur Grenzfestung gegen *Westen* (nämlich gegen Bayern) geworden.
Die Babenberger erweisen sich als großzügige Herren. Schon 1228 werden die Linzer Bürger in einer Urkunde den Bürgern des 1210 zur Stadt erhobenen Enns gleichgesetzt, und 1236 wird erstmals der Begriff *civitas* (Stadt) für Linz gebraucht. Daß jemals eine formelle Erhebung stattgefunden hat, wird heute allgemein ausgeschlossen.
Die Handels- und Zollrechte und seine günstige Lage hatten Linz zu einer reichen – wenn auch noch immer kleinen – Stadt werden lassen. Linz hatte einen großen Markt (heute würde man wohl Handelsmesse dazu sagen), später zwei, und machte derart glänzende Geschäfte, daß der vorhandene Raum bald zu klein wurde. So kamen die Linzer Bürger bei ihrem Landesherren um das Privileg ein, die Stadt nach Osten erweitern zu dürfen. Mit dem Tod Friedrichs II. 1246 waren die Babenberger ausgestorben, und das Herzogtum Österreich war nach einigen Wirren 1252 an Ottokar II. Przemysl, den König von Böhmen gefallen. Ottokar war ein beliebter Herrscher und unterstützte die Bestrebungen zur Stadterweiterung, wie dies auch sein Gegenspieler, der erste Habsburger auf dem deutschen Königsthron, Rudolf I., tat. Unter seiner Herrschaft entstand um 1276 das Herzstück von Linz: der Hauptplatz.

Im 13. und 14. Jahrhundert erwarb sich Linz einige Handelsprivilegien, unter denen als wichtigstes wohl das *Meilenrecht* hervorsticht. Im Umkreis von einer Deutschen Meile von Linz (das ist ein Kreis mit einem Radius von sieben Kilometern!) durfte niemand außer den Linzer Bürgern Speis', Trank oder Beherbergung gewähren. Was so harmlos klingt, ist bei den damaligen Verkehrsverhältnissen eine wahre Goldgrube: Eine (deutsche) Meile – das sind zwei starke Stunden Fußwegs, mit dem Ochsenkarren nicht viel weniger, und selbst mit einem Pferdefuhrwerk noch eine gute Stunde! Zu Schiff donauabwärts wird es wohl auch eine gute Reisestunde gewesen sein, donauaufwärts – von Pferden gegen die Strömung gezogen – das drei- oder vierfache. Mit anderen Worten: Jeder mußte in Linz übernachten, in Linz essen, in Linz trinken, in Linz seine Zugtiere versorgen. Daß die Linzer dabei nicht gerade Okkasionspreise verlangt haben, ist mehr als wahrscheinlich. Für die Teilnahme am dreiwöchigen Bartholomäimarkt im August mußte ein Händler 40 Pfund Silber für Logis und Stall bezahlen – das war das Jahresgehalt des Stadtschreibers!

1335 kam Kaiser Ludwig von Wittelsbach (Ludwig der Bayer) nach Linz, um hier die Habsburger mit dem Herzogtum Kärnten zu belehnen. Sein Nachfolger Karl IV. verlegte seine Residenz nach Prag, was dem Handel durch Linz einen weiteren Aufschwung gab.
Die Linzer beherrschten die Verbindungswege Nürnberg–Regensburg–Linz–Wien und Prag–Linz–Pyhrn–Venedig und lagen am Endpunkt der Handelsroute Bozen–Innsbruck–Salzburg–Linz. Venedig war zur bedeutendsten Seehandelsstadt gegen Osten aufgestiegen, und die deutschsprachigen Kauf-

Folgende Doppelseite: Das südwestliche Drittel des Linzer Hauptplatzes.

Sixt

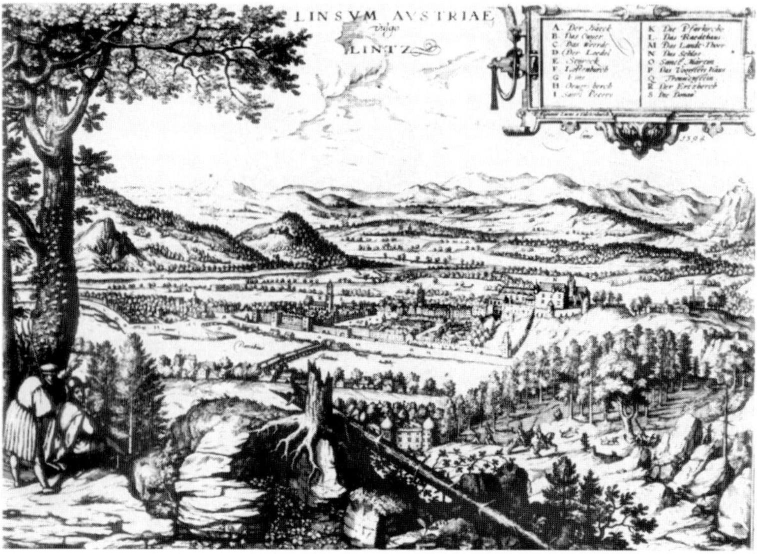

Linz vom Auberg gesehen, 1594. Kupferstich von Georg Hoefnagel nach Lucas van Valckenborch. Das Schloß zeigt noch seine mittelalterliche Gestalt mit Bergfried und Vorwerken, ungefähr so dürfte es zur Zeit Kaiser Friedrichs III. ausgesehen haben.

leute, die dort den *Fondaco dei Tedeschi* als ihren Handelshof aufrechterhielten, konnten bei der Route über Linz und den Pyhrnpaß gegenüber der alten Wiener Route über den Semmering pro Richtung vier Tage Fahrzeit (und Fuhrlohn) einsparen. So kam es auch, daß die Landesherren (das waren nun die Habsburger) den Linzer Handel nach Kräften förderten – schließlich profitierten sie ja selbst davon. 1362 verlieh Herzog Rudolf IV. von Habsburg den Linzern das bereits erwähnte Meilenrecht und das städtische Pfandrecht auf Waren, 1382 Albrecht III. das Recht, zwei Jahrmärkte abzuhalten, und zwar zu Ostern und zu Bartholomäi (am 28. August). Die Dauer dieser Märkte wurde mit jeweils drei Wochen festgesetzt.

Bei einem einzigen Markt in Linz wurden rund 300.000 Meter Tuch verkauft – eine enorme Menge für eine Stadt mit knapp 6000 Einwohnern! Die wichtigsten Beschicker der Linzer Handelsmärkte waren Nürnberger Kaufleute. Die Linzer Bürger selbst waren damals keine Großhändler, sie traten nur als Vermittler und Unterkunftsgeber auf. Warum auch ein Risiko mit den Waren eingehen, wenn sich an der Beherbergung großartig verdienen ließ? Jedes Haus in Linz wurde zu Marktzeiten an Händler vermietet, selbst das Rathaus. Nürnberger Händler, die die Räume des Rathauses als Lager benutzten, streckten gegen einen längerfristigen Lagervertrag sogar die Bausumme vor!

Im 15. Jahrhundert herrschten in Linz politisch ziemlich ruhige Zeiten. Die Habsburger hatten 1438 endgültig die Kaiserwürde im Heiligen Römischen Reich an sich gebracht und waren als Könige und Kaiser stark damit beschäftigt, die Probleme in Oberitalien zu lösen – zu stark beschäftigt, als daß sie dem kleinen Linz allzuviel Aufmerksamkeit hätten widmen können.

1440 wird Friedrich V. von Habsburg zum Deutschen König (als Friedrich IV.) gewählt. Er ist ein unglücklicher König und wird auch ein glückloser Kaiser werden. Zum einen verliert er endgültig die Schweiz (in der die habsburgischen Stammlande liegen), zum anderen ist er in Auseinandersetzungen mit seinem Bruder Albrecht (mit dem bezeichnenden Beinamen »der Verschwender«) verwickelt. In Böhmen – das zu gewinnen Friedrich vergeblich versucht hat – wird Georg Podiebrad zum König gewählt, in Ungarn kommt Matthias Corvinus auf den Thron. Friedrich bekämpft beide, aber mit mäßigem Erfolg. Der Kaiser (1452 war er als letzter Deutsch-Römischer Kaiser in Rom gekrönt worden – Friedrich III.) hat Pech mit seinen politischen Unternehmungen, aber des Kaisers Pech ist der Linzer Glück: Linz wird Residenz- und Reichshauptstadt!

Hausburg der Habsburger

»main frewntlich gruß zu vor an main liebe barbare ich laß dich wisen das ich mit mü und arbet gen lincz bin kamen am suntag vor bartholmei gar spat und am montag nach esen da schikt mein genediger her [Friedrich III.] von stund nach mir und ich must seiner genaden die pilder aufpinden [die Mappe mit den Bildern zeigen]...«

[Albrecht Türer, Goldschmied aus Nürnberg, der Vater des Malers]

Albrecht VI. (der Verschwender) war 1458 mit dem Land ob der Enns belehnt worden und residierte von 1450 bis zu seinem Tod 1463 in der Linzer Burg. Diese nun ist mit dem heutigen Linzer Schloß nicht vergleichbar, sie war eine starke Festung, ungemütlich, wohl auch schon recht heruntergekommen im Lauf der Jahrhunderte. Gleichwohl – als Friedrich III. aus Wien vor den Ungarn des Matthias Corvinus flüchten mußte, führte ihn sein Weg vorerst nach Krems und dann nach Linz, wo er 1485 nach dem Fall von Wien eintraf. Die Linzer nahmen ihren Herrn und Kaiser freundlich auf.
Schon 1453 hatte Friedrich als Kaiser das *Privilegium Maius* bestätigt, eine von Rudolf IV. gefälschte Urkunde, nach der das Land ob der Enns (das heutige Oberösterreich) schon immer habsburgisch gewesen wäre (Sie erinnern sich: die Babenberger hatten Linz als Grenzfestung gegen *Westen*, gegen die Bayern, erworben, eben weil das Land ob der Enns ursprünglich bayrisch war!). 1466 erhob er das Land ob der Enns zum Fürstentum und festigte damit die Selbständigkeit des Landes gegenüber den anderen österreichischen Erblanden.
Friedrich ließ seinen Sohn Maximilian (der 1486 deutscher König wurde) den Kampf gegen die Ungarn fortführen und befaßte sich damit, die Linzer Burg auszubauen und seiner Stadt Gutes zu erweisen. 1490 – der Kaiser war 75 Jahre alt – wurde Wien wiedererobert, und Friedrich übergab Maximilian die Regentschaft. Jetzt endlich fand der humanistisch gebildete, den Künsten und der Literatur zugetane Kaiser (sein Erzieher war der Humanist Aeneas Silvius Piccolomini gewesen, der spätere Papst Pius II.) die Muße, seinen Neigungen nachzugehen und seinen treuen Städten zu danken.

1490 erhob er Linz zur Hauptstadt des Fürstentums ob der Enns, er bestätigte den Linzern die alten Handelsprivilegien und gab ihnen das Recht, den Bürgermeister selbst zu wählen. Bis zu dieser Zeit war die Stadt noch immer von einem eingesetzten Stadtrichter verwaltet worden (und das war lange Zeit *kein* Linzer gewesen). Auch durften die Linzer künftig mit *rotem* Wachs siegeln, was nichts anderes hieß, als daß sie volle Beurkundungsgewalt und Notariatsbefugnis für alle Dokumente bekamen, selbst für jene aus der kaiserlichen Kanzlei.

Wie wir aus dem Brief des Nürnberger Goldschmieds Albrecht Türer entnehmen können (der Senior schrieb sich noch mit »T«, während der Sohn konsequent »D« verwendete), hat sich Friedrich in den letzten drei Jahren seines Lebens mit der Kunst beschäftigt – endlich hatte er Zeit dazu. Die »pilder«, von denen Vater Dürer seiner Frau schreibt, werden wohl frühe Arbeiten seines Sohnes gewesen sein, der sich um diese Zeit gerade auf dem Weg zu Martin Schongauer zur Ausbildung befand.

Im Frühjahr 1493 erkrankte Friedrich schwer, eine alte Beinverletzung bekam den Altersbrand, und die besten Chirurgen seiner Zeit wurden an den Hof nach Linz geholt, wo ihm das Bein amputiert wurde.

Überraschenderweise überlebte der Kaiser (er war 78 Jahre alt!) diese Operation – sie muß eine Meisterleistung der damaligen Chirurgie gewesen sein. Er starb aber noch im selben Jahr, am 19. August 1493 in Linz.

Hartnäckigen Erzählungen zufolge – für die es weder Beweis noch Gegenbeweis gibt –, ist Friedrich III. im sogenannten »Kremsmünstererhaus« in der Linzer Altstadt gestorben. Und die Fama berichtet schon sehr früh, woran er gestorben ist: an Obstipation. Weil er nämlich zu viele Wassermelonen gegessen und dabei die ganzen Kerne mit verschluckt habe! Diese Geschichte bedarf einiger Anmerkungen: Das Alter des Kaisers allein schon muß in den Augen seiner Zeitgenossen ein wahres Wunder gewesen sein – die Lebenserwartung von Männern betrug damals um die 36 Jahre, die von Frauen lag noch darunter. Zwar hat der Kaiser sicherlich besser gelebt als der gewöhnliche Bürger, aber das erklärt dennoch nicht, wie er drei Generationen überleben konnte. Nun gibt aus der damaligen Zeit die ersten Darstellungen einer sehr seltenen Frucht, die nördlich der Alpen nicht wuchs und deshalb fast ihr Gewicht in Gold wert war: die Wassermelone. Der horrende Wert der Melonen ist bei einer Transportzeit von zwei bis vier Wochen aus Italien erklärlich. Und wenn der Kaiser schon nicht – wie sich's offenbar für einen Kaiser gehört – in der Schlacht fällt oder sonst einen spektakulären Tod erleidet (dies gilt natürlich umso mehr für einen Kaiser, der in den Augen seiner Zeitgenossen »schon immer« regiert hat), dann muß eine andere außergewöhnliche Todesursache her, die dem Rang und dem außergewöhnlichen Alter des Kaisers angemessen ist. So entstehen Legenden.

Friedrich III. wurde in Wiener Neustadt begraben, nur seine Eingeweide und sein Herz wurden in der Linzer Stadtpfarrkirche beigesetzt. Dort findet sich auch der wunderschöne Wappenstein Friedrichs, und an der Westseite des Schlosses ist noch heute am Friedrichstor ein kleinerer Stein mit Friedrichs bis heute nicht endgültig erklärtem Wahlspruch *A.E.I.O.U.* zu sehen.

Sein Nachfolger wurde sein Sohn Maximilian I., genannt »der letzte Ritter«, und von diesem erhielten die Linzer 1497 noch ein weiteres Privileg, das ihnen zwar recht zugute kam, aber in den nächsten Jahrhunderten einiges an innenpolitischem Ärger brachte: Sie durften eine Brücke über die Donau schlagen. Nun war seit jeher die Überfuhr über die Donau eine Angelegenheit der Fährleute aus Urfahr gewesen (dem bis 1919 selbständigen Stadtteil am Nord-

ufer), und diese fürchteten zu Recht um ihr Einkommen. Zwischen Linz und Urfahr brach ein jahrzehntelanger »Brückenkrieg« aus, mal brachen die Urfahraner ein Brückenfeld heraus, um die Brücke unpassierbar zu machen, mal verlangten die Linzer von den Urfahranern erhöhten Brückenzoll – kurzum, zur Pflege gutnachbarlicher Beziehungen war die Brücke nicht geeignet.
Mit dem Tod Friedrichs war der politische Höhepunkt der Linzer Geschichte überschritten, und Linz sank von der Residenzstadt wieder zurück ins städtische Mittelmaß. Aber die Linzer focht dies nicht an: Ihr Handel prosperierte, sie wurden reich und reicher, die Stadt war großzügig ausgebaut und hatte eine grundsolide städtische Verfassung.

Der Wappenstein Friedrichs III. am Friedrichstor des Schlosses. Die Inschrift lautet: AEIOU 1481 FRIDERIC[U]S ROMONORUM IMPERATOR. Beim letzten Wort liest man eher WIPERATOR – offenbar war sich der Steinmetz nicht ganz sicher.

Die Linzer wählten zwei Räte, den Äußeren Rat und den Inneren Rat. Während im Inneren Rat nur Vollbürger vertreten waren (also Leute mit Haus- und Grundbesitz), waren zum Äußeren Rat auch die Handwerker wahlberechtigt. Der Bürgermeister wurde aus den Mitgliedern des Inneren Rates gewählt und hatte eine Amtsperiode von einem Jahr. Es wird immer wieder erzählt, daß sich der Bürgermeister während dieser Amtsperiode aller seiner bürgerlichen Geschäfte enthalten mußte und als Krönung des Ganzen für alle während seiner Amtszeit entstehenden Schulden der Stadt mit seinem Privatvermögen haftete! Wenn dies auf Wahrheit beruht, wundert es niemanden, daß die Finanzgebarung von Linz immer recht gut war – und daß die Linzer mehr als einmal Schwierigkeiten hatten, jemanden zu finden, der bereit war, dieses Amt zu übernehmen! Noch unter Joseph II. hafteten jedenfalls der zu dieser Zeit schon beamtete Bürgermeister und die Stadträte mit ihrem Gehalt für einen eventuellen »Deficienten« in den städtischen Finanzen …

Unter Kaiser Maximilian I. blieb Linz bis 1510 Verwaltungszentrum für die Fürstentümer ob und unter der Enns, dann wurde der Regierungssitz nach Wien verlegt. Die Habsburger betrachteten Linz aber weiterhin als so etwas wie den Familienstammsitz, wie sich in den folgenden eineinhalb Jahrhunderten zeigte.
Vorerst aber brannte die Stadt 1509 (wieder einmal) ab. Der Schaden war beträchtlich, weil die dicht aneinander gedrängten Häuser eine Ausbreitung des Feuers begünstigten. Kaiser Maximilian verordnete, daß hinkünftig alle Dächer durch Feuermauern – nach Innsbrucker Vorbild – voneinander ge-

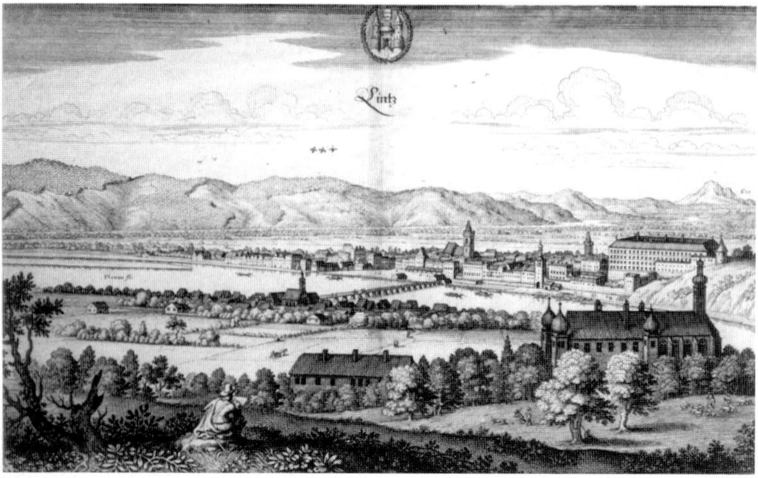

Linz mit Urfahr vom Auberg gesehen, 1649. Kupferstich von Matthäus Merian nach Wenzel Hollar. Das Schloß ist bereits zu seiner heutigen Form umgebaut, und Urfahr hat seine eigene Pfarrkirche bekommen. Rechts im Vordergrund sieht man Schloß Hagen, das nach dem Zweiten Weltkrieg abgerissen wurde.

trennt sein müßten, und diese Dachform ist auch heute noch im Stadtbild vorherrschend. Der Wiederaufbau auch des abgebrannten Rathauses ging relativ schnell vor sich, da ein Abbrennen bis auf die Grundmauern ja nicht erfolgt war: Anders als in den deutschen Fachwerkstädten des späten Mittelalters wurde im Donauraum schon seit Jahrhunderten mit Stein gebaut – *sehr* solide gebaut –, und so kommt es, daß im Hauptplatzbereich noch heute die Häuser im Kern aus dem ursprünglichen Mauerwerk des späten 13. Jahrhunderts bestehen. Der Brand von 1509 ist übrigens längst nicht der letzte geblieben…

Maximilian betrieb eine kluge Heiratspolitik, wie alle Habsburger, und er verlobte seinen Enkel Ferdinand mit der ungarischen Prinzessin Anna. Maximilian starb auf der Durchreise in der Burg zu Wels am 12. Jänner 1519. Ferdinand wurde 1521 zum neuen Herrn über die Erbländer und heiratete 1521 Anna von Ungarn. Die Hochzeit fand in Linz statt, ein Ereignis, das wiederum die Bedeutung der Stadt für die Habsburger als Familie unterstreicht.

Im Lande ob der Enns hatten mittlerweile die *Landstände* eine gewisse Machtstellung erworben. Sie setzten sich aus den Vertretern des Herrenstandes, der Ritter, der Prälaten und der Städte zusammen und hatten schon früh eine Art eigenen Verwaltungsapparat aufgebaut, der neben der landesfürstlichen Macht (ausgeübt durch einen Landeshauptmann mit Sitz in der Linzer Burg) einiges Gewicht besaß. Die Stände waren vor allem daran interessiert, das Land unter *einem* Herren zu wissen, also die reichsunmittelbaren Geschlechter, die noch Landbesitz (und damit Steuerhoheit) im Lande ob der Enns hatten, los zu werden. Die Tatsache, daß die habsburgischen Landesherren nur zeitweilig in

Linz residierten, verlieh den Ständen Zeit und Gelegenheit, ihre Macht auszubauen, und in der zweiten Hälfte des 16. Jahrhunderts waren sie zum entscheidenden politischen Faktor im Land geworden.

Reformation und Gegenreformation – Die Macht der Stände

»Bei euch ist Hunger und Durst nach dem Evangelium...«
[Martin Luther um 1525 an die in Linz wohnhafte Dorothea Jörger]

Die reformatorische Bewegung fand im Land ob der Enns eine ernste spätmittelalterliche Religiosität vor, die zwischen 1480 und 1530 eine Vielzahl großartiger religiöser Kunstwerke geschaffen hatte – die Altäre von Kefermarkt, Waldburg und St. Michael ob Rauchenödt legen beredtes Zeugnis davon ab. Die führenden Adelsgeschlechter – Jörger und Starhemberger etwa – hatten aber schon bald Verbindungen nach Wittenberg geknüpft und den direkten Kontakt zu Luther hergestellt. 1525 wurde der erste protestantische Prediger ins Land ob der Enns entsandt, und die neue Lehre breitete sich rasch aus. Die großen Bauernkriege in Deutschland hatten auch im Land ob der Enns zu Unruhe unter den Bauern geführt, aber größere Kampfhandlungen fanden im Lande nicht statt. Die Landstände erhoben die Forderung nach »lauterer Predigt des Evangeliums ohne Zusatz«, und die habsburgischen Landesfürsten mußten ihnen einige Zugeständnisse machen. Schließlich brauchten sie immer mehr Mittel zur Türkenbekämpfung und zur Durchsetzung ihrer Großmachtpolitik, und Steuern konnten inzwischen ohne die Zustimmung der Landstände nicht mehr eingehoben werden. 1552 fanden die sogenannten Linzer Verhandlungen zwischen Sachsen und Brandenburg einerseits, und Österreich und Bayern andererseits statt, die zum Augsburger Religionsfrieden von 1555 führten. Damals waren bereits rund 70% der Linzer Bürger protestantisch – trotz eines katholischen Landesherren –, und das Selbstbewußtsein der landständischen Macht führte zu einer nie wieder erreichten wirtschaftlichen und kulturellen Blüte.
1569 fand in Linz die erste Theateraufführung statt, zwei Jahre vor Wien. Noch ahnten die Linzer nicht, daß sie damit eine große Theatertradition begründen würden.
1570 wurde im von den Landständen aufgekauften Minoritenkloster an der südwestlichen Ecke der Stadtbefestigung die *Landschaftsschule* eingerichtet, eine Art Akademie für den Nachwuchs der Landstände. Mit erheblichem Aufwand wurde das verlassene Kloster umgebaut, das Nordportal des Landständischen Hauses – noch heute als *Landhaus* Sitz der Landesregierung – ist ein Meisterwerk der Renaissance (und nebenbei gesagt, das einzige erhaltene große Renaissancekunstwerk in Linz, denn die Renaissance war die Kunst des Protestantismus und wurde wie dieser in der Gegenreformation ausgemerzt).

Die jeweiligen Herrscher standen dem Protestantismus unterschiedlich gegenüber: Ferdinand war streng katholisch, aber machtlos gegen den Protestantismus, und berief die Gesellschaft Jesu nach Österreich. 1542 kam der erste Jesuit nach Wien, doch es sollte bis 1602 dauern, bis die Jesuiten sich in Linz niederließen. Maximilian II. zeigte sich dem Protestantismus gegenüber positiv eingestellt, wenn er auch vor seiner Wahl zum König beschwören mußte, nicht den Glauben zu wechseln. Um den Katholizismus war es zu seiner Zeit aber auch traurig bestellt: Eine Visitation in den 122 Klöstern der Länder ob und unter der Enns erbrachte das überraschende Ergebnis, daß außer 436 Konventialen und 160 Nonnen auch 199 Konkubinen, 55 Ehefrauen(!) und nicht weniger als 443 Kinder gezählt wurden. 1568 erlaubte Maximilian II. dem Herren- und Ritterstand (nicht aber den Städten und Märkten) die freie Religionsausübung, wofür er von den Ständen ob der Enns zweieinhalb Millionen Gulden erhielt. Im Linzer Schloß saß die verwitwete Königin Katharina von Polen, eine habsburgische Erzherzogin, umgeben von protestantischen Predigern. Da trat mit dem Tod Maximilians 1576 eine völlige Änderung der Situation ein.
Sein Nachfolger, Kaiser Rudolf II., sowie dessen Bruder Erzherzog Ernst waren beide streng katholisch erzogen und trieben die Gegenreformation voran. Im Land ob der Enns hielten sich die reformierten Kräfte noch einige Zeit: Die Landschaftsschule florierte, im Landhaus selbst wurden protestantische Gottesdienste abgehalten. Als 1588 in Steyr ein Pfarrer von seinem Posten abberufen wurde, brachen unter der Landbevölkerung erste Unruhen aus. Sie breiteten sich ab 1594 rasch über das ganze Land aus, Verhandlungen zwischen der Regierung und den aufständischen Bauern führten zu keinem Ergebnis. Der Aufstand wurde 1597 blutig niedergeworfen.
Die protestantischen Lehrer der Landschaftsschule wurden vertrieben, der (protestantische) Bürgermeister abgesetzt, und von einer freien Bürgermeisterwahl konnte vorerst keine Rede mehr sein.
In den wenigen »glücklichen« Jahren vorher aber entstanden in Linz kleine, versteckte Kleinode der ausgehenden Renaissance, die heute noch im Stadtbild aufzufinden sind: die Innenhöfe. Italienische Architekten und Baumeister wie Cristoforo Canevale waren es, die aus ihrer Heimat die toskanischen Arkadenformen mitbrachten, Bauformen, die – bei aller Eleganz – für die Gegenden nördlich der Alpen nicht besonders geeignet waren (und sind). Dennoch wurden die Höfe der bürgerlichen Häuser damit ebenso geschmückt wie der schöne Arkadenhof des Landhauses.
Canevale hatte Pläne, die Stadt zu einer angelegten Renaissance-Stadt auszubauen, und seine Ideen und Vorschläge wurden um 1600 auch heftig diskutiert, aber die planmäßige Stadterweiterung scheiterte an der Uneinigkeit der Bürgerschaft und am Widerstand der adeligen Grundbesitzer, die um ihre Freihäuser bangten. (Genau dreihundertfünfzig Jahre nach Canevales Plan von 1588 wurden wieder Pläne geschmiedet, Linz zu einer Musterstadt – diesmal des Großdeutschen Reiches – auszubauen, aber diese Pläne scheiterten an ganz anderem als dem Widerstand der Linzer…)
Eine bemerkenswerte Veränderung im Stadtbild fand aber dennoch statt: Kaiser Rudolf II. ließ von Prag aus, wo er residierte, trotz all seiner Finanznöte – und obwohl sein von ihm gefürchteter und gehaßter Bruder Matthias

Der Arkadenhof des Landhauses mit dem Planetenbrunnen.

Statthalter in Linz war – die Linzer Burg umgestalten. Der mittelalterliche Festungsbau wurde unter Verwendung von bestehenden Bauteilen in die heutige strenge, aber großzügige Form gebracht.

Es hält sich hartnäckig die Behauptung, Rudolf habe Linz zu seinem Alterssitz erkoren gehabt, und obwohl er nicht lange genug lebte, um wenigstens den Abschluß der umfangreichen Umbauten zu erleben, ist dieser Gedanke nicht von der Hand zu weisen: Die Habsburg war seit Jahrhunderten verloren, Wien war schon mehrmals rebellisch gewesen und auch von den Ungarn bedroht, Prag war dem Kaiser unheimlich geworden – was wäre näher gelegen, als sich in das noch erhaltene »Stammschloß« nach Linz zurückzuziehen, das ja schon ein Jahrhundert zuvor bewiesen hatte, daß es einen Kaiser zu beherbergen verstand?

Kaiser Rudolf starb in Prag, und sein Bruder Matthias wurde neuer Kaiser. Schon 1609 hatte er als Landesfürst ob der Enns den Protestanten große Zugeständnisse gemacht, und diese wußten sie zu nutzen. Sie holten Johannes Kepler nach Linz.

Wissenschaft, Glaube und Bauernkrieg

»In der Tat, mit Symbolen kann nichts bewiesen werden; kein Geheimnis der Natur wird von geometrischen Symbolen enthüllt... ich gehe dagegen nach der natürlichen Ordnung vor, auf daß eine jede Sache korrekt sei nach den natürlichen Gesetzen, damit eine Konfusion vermieden werde...«
[Johannes Kepler im Anhang seiner 1619 gedruckten »Weltharmonie«]

1612 kam Johannes Kepler nach Linz, als Mathematicus, Landvermesser und Astronom, und man geht wohl nicht fehl, wenn man annimmt, daß der kaiserliche Hofmathematiker so nebenher auch noch ein wenig die Astrologie betrieb. Jedenfalls war er recht fleißig: Zuerst entdeckte er eine Methode zur Berechnung des Inhaltes eines Fasses (und nahm damit das Prinzip der Integralrechnung vorweg), dann brachte er die *De Harmonicēs Mundi Libri V* – seine »Weltharmonie« – in Linz zu Druck (den ersten Buchdrukker, einen gewissen Hans Planck, hatte er gleich mitgebracht), beendete die Rudolfinischen Tafeln hier, unterrichtete an der Landschaftsschule und entdeckte das Dritte Keplersche Gesetz: Die Quadrate der Umlaufzeiten zweier Planeten verhalten sich zueinander wie die dritten Potenzen ihrer mittleren Entfernungen. Er heiratete im Herbst 1613 die Tochter eines Eferdinger Wirtes und scheint sich in Linz ganz wohl gefühlt zu haben. Nur – die Karte des Landes ob der Enns, die zu verfassen er eigentlich geholt worden war, die kam und kam nicht recht voran. Die Landstände warfen ihm Untätigkeit vor, er hatte Sorgen wegen der Hexenprozesse gegen seine Mutter (die er nur vor dem Scheiterhaufen retten konnte, weil er eben der kaiserliche Mathematicus war), und als letztlich der Druck gegen die Protestanten ab 1620 immer größer wurde, beschloß Kepler, nach Sagan zu übersiedeln. Die Rudolfinischen Tafeln wurden bereits in Wien gedruckt, und 1626 verließ Johannes Kepler eilends die Stadt Linz, denn über diese brach nun das Unglück herein: die oberösterreichischen Bauernkriege.

Standbild Johannes Keplers im Pavillon am Donaublick. Abguß der Holzplastik von Sebastian Remele, 1780.

Begonnen hatte alles noch recht harmlos: Der Kaiser hatte zur Dekkung von Kriegs- und politischen Schulden das Land an den Herzog von Bayern verpfändet, dieser den Grafen Herberstorff als Statthalter eingesetzt. Herberstorff – ein Protestant – war anfänglich nicht unbeliebt, aber die fremden Herren trieben es den Bauern dann doch zu bunt: Der mittlerweile ausgebrochene Dreißigjährige Krieg brachte Truppendurchmärsche, Einquartierungen, Aushebungen mit sich, die Steuern wurden höher. 1626 lief das Faß über: Unter ihrem Anführer Stefan Fadinger belagerten die aufständischen Bauern Linz drei Monate lang. Ein zeitgenössischer Bericht erzählt, vor dem Trutzbauer auf der Linzer Burg (das ist die Befestigung zur Martinskirche hin) sei das Blut »gleich einem Bache« die abschüssige Römerstraße hinuntergeronnen. Die Bauern hätten Linz leicht aushungern können, wäre nicht Stefan Fadinger, der militärische Kopf des Aufstandes, allzu leichtsinnig geworden: Er ritt ohne Deckung demonstrativ jenseits des Grabens auf der heutigen Promenade vor dem Landhaus auf und ab und wurde prompt von einer Kugel getroffen. Er starb in seinem Hauptquartier in Ebelsberg. Trotz des Todes ihres militärischen Genies hielten die Bauern dem ersten Entsatzversuch unter Fürst Auersperg noch stand, erst die herbeigerufenen Hilfstruppen unter Pappenheim zerstreuten die Armee der Bauern.

Es folgte Schreckliches: Herberstorff veranstaltete ein Blutgericht, wo immer er der Bauern habhaft wurde. In Frankenburg mußten (oder sollte man sagen, durften?) sie um ihren Kopf würfeln, in Linz wurde 1627 die gesamte bäuerliche Führungsschicht der Umgebung hingerichtet. Dies ging mit einer zwangsweisen Rekatholisierung einher, und noch heute hält sich die Redensart »Dich werden wir schon noch katholisch machen!«, die aus dieser Zeit stammt.

Der eigentliche Dreißigjährige Krieg berührte Linz nur am Rande. Die ständigen Truppendurchmärsche und Einquartierungen waren zwar lästig, aber die Märkte bestanden weiter – während der Marktzeit wurden die Truppen eben in den Städten Enns und Wels untergebracht (was nicht zu *deren* großer Freude gereichte, wie man verstehen kann). Konjunktur hatten die Urfahraner Schiffmeister – sie waren für den Transport der Truppen donauauf- und abwärts zuständig. Und da in den deutschen Ländern, wo der Krieg wirklich wütete, an Handel nicht zu denken war, ging es den Linzer Kaufleuten trotz des darniederliegenden Fernhandels die ganze Zeit über ver-

gleichsweise gut. Die Schweden kamen zwar bis ins nördliche Mühlviertel (wo noch einige sogenannte »Schwedenschanzen« erhalten sind), aber im Vergleich zu den Schreckensnachrichten von anderswo fühlten die Linzer, daß sie ziemlich friedlich dahinlebten.
Die calvinistischen Siebenbürger aber waren beunruhigt durch die kaiserlichen Versuche, sie mit mehr oder weniger Gewalt zum Katholizismus zu bekehren, und wandten sich um Hilfe nach Konstantinopel. Die Türkengefahr und der Druck aus dem Osten stiegen an. 1645 vermittelten die Bremer – selbst calvinistisch und eher pro-schwedisch eingestellt – den *Linzer Frieden* zwischen dem Kaiser und den Siebenbürger Protestanten auf der Basis der religiösen Toleranz. Dafür wurde Bremen im Jahre 1646 – sozusagen unter Erneuerung der alten hansestädtischen Privilegien – durch das *Linzer Diplom* (und gegen eine kleine Zuzahlung von 100.000 Gulden) zur freien Reichsstadt erhoben, was für die Bremer den Vorteil hatte, daß sie beim Westfälischen Frieden *nicht* unter schwedische Herrschaft kamen wie der größere Teil Norddeutschlands. Die Siebenbürger hielten dem Kaiser den Rücken gegen die Türken frei, und die Linzer Bürger entdeckten die neueste Mode: das Barock.

Letzte Blüte im Barock

»...und seynd die häuser meist von quater-steinen sehr sauber gebauet. Das käyserliche schloß liegt auf dem berg, ist prächtig, weit und groß. So ist auch zu sehen die schöne pfarr-kirche, das Jesuiter-collegium, das Capuciner-closter und das land-hauß, so vorhin ein Minoriten-closter gewesen.«
[Eberhard Rudolph Roth, 1731]

Der ausgehende Dreißigjährige Krieg hatte den Linzer Kaufleuten noch einmal Konjunktur beschert: Die »klassischen« Handelsstädte waren unsicher, der Warenumschlag hatte sich in den Südostteil des Reiches verlegt, sehr zur Freude der Linzer, die wieder zu Geld kamen und es auch gleich anlegten: Die Stadt war renovierungsbedürftig geworden.
Wie vor der Gegenreformation die toskanische Renaissance-Architektur eifrige Nachahmer gefunden hatte, so setzte sich jetzt – noch stark in der italienischen Bautradition wurzelnd – ein neuer Stil aus dem Süden durch: das Barock. Und wieder waren es vornehmlich italienische Baumeister und Künstler, die Linz (wie auch seinem Umland) ihren Stempel aufdrückten: Die Familie Carlone, später Vater und Söhne Altomonte, Namen wie Beduzzi und Mazza begegnen uns als Baumeister, Fresken- und Altarmaler, als Bildhauer und Stukkateure auf Schritt und Tritt.
Der Westfälische Friede von 1648 bringt den Linzer Bürgern das Ende dieser Prosperität, und bald erlischt auch jede nennenswerte Bauaktivität von bürgerlicher Seite. Doch die Gegenreformation beginnt das Antlitz der Stadt jetzt so richtig zu prägen: Orden um Orden zieht in der Stadt ein, Kirchen und Klöster werden errichtet.
1606 waren die Kapuziner, 1609 die Jesuiten nach Linz gekommen.

Nicht am Hauptplatz und ihn doch dominierend: der Alte Dom, die Kirche der Jesuiten.

Die Kapuziner hatten bereits 1612 ihre Klosterkirche geweiht, aber jetzt wurde sie erweitert und umgebaut. Die Jesuiten hingegen hatten es nicht ganz so leicht. Während die Stadt 1658–59 das Nachbarhaus zum bisherigen dreiachsigen Rathaus hinzukaufte und beide Gebäude vereinigte – das Rathaus erhielt dabei die heutige barocke Fassade –, schlugen mehrere Versuche der Jesuiten, ebenfalls ein Haus oder Grundstück am Hauptplatz zu erwerben, fehl.

Den Jesuiten wurde in der Stadt die Minoritenkirche im Landhaus zugewiesen, außerhalb der Stadt bauten sie die Kalvarienbergkirche in St. Margarethen. Erst 1669 konnten sie mit dem Bau ihrer Stadtkirche (dem Alten Dom) beginnen: auf einem Grundstück *hinter*, aber eben nicht *auf* dem Platz, der bis heute in dieser Hinsicht eigenartig ist, denn vom Rathaus abgesehen steht kein öffentliches Gebäude, keine Kirche, kein Palast auf ihm – die Linzer haben sich *ihren* Platz in seiner ursprünglichen Form als Marktplatz bewahrt. Einzig das – ebenfalls aus bürgerlichem Besitz stammende – Freihaus Weißenwolff an der Südostseite des Platzes war 1628 an den Statthalter Graf Herberstorff übergegangen, dann kurz an die Jesuiten und 1658 an die Grafen Weißenwolff. Aber es war ein *Freihaus*, und das wollten die Jesuiten wohl für einen Kirchenbau nicht abreißen...

Zu Anfang des 18. Jahrhunderts wurden in Linz 317 Bürgerhäuser und 71 Freihäuser gezählt. Bei den Freihäusern handelte es sich um Liegenschaften, die von den städtischen (»bürgerlichen«) Lasten und Abgaben sowie von Einquartierungen befreit waren. Zwar waren der Adel und der Klerus ohnehin von Gesetzes wegen steuerfrei, aber die Besonderheit der Freihäuser liegt darin, daß diese Freiheit nicht an die Person, die Familie oder den Orden gebunden war, sondern eben an den Besitz der Liegenschaft. Für besondere Verdienste konnte dieses Privileg auch Bürgern verliehen werden, aber auch dann lag die Freiheit auf dem Hause und ging bei einem Verkauf des Hauses auf den nächsten Besitzer über, sofern sie nicht widerrufen wurde. Wann immer ein Besitzer eines Freihauses Bedarf nach größerem Raume hatte, versuchte er, sein Freihaus gegen ein größeres oder besser gelegenes einzutauschen. Und wenn man sich vor Augen hält, daß gerade die Einquartierungen des Militärs – mit denen ja auch die Verpflegung der Soldaten verbunden war – einiges an Kosten und Schaden mit sich brachten, wird man verstehen, daß niemand ein Freihaus freiwillig wieder hergab!

1674 entsteht die Karmeliterkirche auf der Landstraße, 1718 die Deutschordenskirche, 1729 die Kirche der Karmeliterinnen, die 1787 an die Barmherzigen Brüder übergeht, 1736 die Ursulinenkirche, 1762 die Elisabethinenkirche. Innerhalb von neunzig Jahren sechs neue Kirchen, und das in einer Stadt, die noch immer keine zwanzigtausend Einwohner hat!
Hatte schon die Wiedereröffnung der Märkte in Breslau und Leipzig nach 1648 den Linzer Kaufleuten ziemlich wehe getan, so tat die nun einsetzende Veränderung der Wirtschaftsstrukturen ihr übriges: Der Handel wurde mehr und mehr zu einem Versandhandel über Muster, schriftliche Anbote und sogar richtige Kataloge, die Märkte verloren an Bedeutung.
1672 wurde dem Christian Sint von Kaiser Leopold I. ein Privilegium zur Errichtung einer »Wollenzeugmanufactur« erteilt, und aus dieser Manufaktur entstand im Lauf der nächsten hundert Jahre ein nicht nur für die damalige Zeit gigantisches Unternehmen: Zur Zeit Maria Theresias beschäftigte sie in Linz gut 8000 Personen, insgesamt waren in Oberösterreich und Südböhmen an die 20.000 Leute mit Heimarbeit und Zulieferarbeiten für die *Wollzeugfabrik* beschäftigt – das entspricht etwa der Beschäftigtenzahl der Linzer Stahlindustrie um 1970!
1754 wurde die Wollzeugfabrik verstaatlicht, 1854 wurde sie aufgelassen. Die barocken Industriegebäude dienten danach verschiedenen Zwecken und wurden Ende der sechziger Jahre gesprengt – eine der letzten kulturellen Barbareien, wie sie in der Euphorie des Wiederaufbaus und des sogenannten »österreichischen Wirtschaftswunders« eher aus Unverstand denn bewußt geschahen. Man hat halt den Bauplatz gebraucht…
Immer wieder flüchtete der Hof von Wien nach Linz – die Türkengefahr war trotz der Siege Montecuccolis noch nicht gebannt.
1680 wurde in Linz ein spektakulärer Prozeß abgehalten: Der kaiserliche Kämmerer Graf Zinzendorf hatte enorme Summen Geldes unterschlagen, so viel, daß die Finanzierung der Fortführung des Krieges gegen die Türken gefährdet schien. 1681 verstarb Raimondo da Montecuccoli, der erste Türkenbezwinger, im späteren Gasthaus »Zur Stadt Frankfurt« am Linzer Hauptplatz, seine Eingeweide wurden in der Kapuzinerkirche beigesetzt, der (restliche) Leichnam in Wien.
1683 stießen die Türken bis nach Wien vor, 1684 wurde die Heilige Liga zur Bekämpfung der Türken begründet, und in den folgenden vier Jahrzehnten stieg Österreich nicht zuletzt dank der militärischen Erfolge auf dem Balkan zur Großmacht auf. Die Siege Prinz Eugens hatten auch für die Linzer

Die Westseite der Landstraße um 1732.
Kupferstich von Martin Engelbrecht nach Bernhard Friedrich Werner.

Ruhe gebracht – man konnte wieder seinen Geschäften nachgehen, kochen und backen.

Aus dem Jahre 1696 datiert das älteste erhaltene Rezept für eine Torte aus gleichen Teilen Butter, Zucker, Mandeln und Mehl, verziert mit einem Rautengitter mit Marmeladenfüllung. Das Rezept wurde erst vor einigen Jahren in Wien entdeckt und benennt das Backwerk mit dem Namen *Linzer Torte*. Man geht wohl nicht fehl in der Annahme, daß es sich hiebei um das älteste erhaltene Rezept überhaupt handelt, das den Namen einer Speise von einer Stadt herleitet. Weltweit berühmt wurde die Linzer Torte allerdings erst im neunzehnten Jahrhundert, als der 1822 nach Linz zugezogene Bäcker Johann Konrad Vogel begann, sie in großer Menge herzustellen und nach auswärts zu versenden. Heute backen die Linzer Bäcker und Konditoren ihre Linzer Torte nicht nach einem einheitlichen Rezept, sondern zumeist nach alten Familienüberlieferungen, und es ist eine Glaubens- und Geschmacksfrage, welchem Erzeugnis der Vorzug gegeben wird. Eines allerdings steht fest: Die Linzer Torte muß zur Entfaltung ihres Geschmacks einige Tage »abliegen« – auch und gerade deswegen empfiehlt sie sich als typisches Reisemitbringsel.

Das 18. Jahrhundert bringt weltpolitische Veränderungen großen Stils mit sich, und auch in Linz tut sich einiges. Im Jahre 1700 stirbt der letzte spanische Habsburger, Karl II. Um das Erbe – und das ist immerhin ein Weltreich – streiten sich schon seit 1665 Frankreich, Bayern und die österreichischen Habsburger, und auch England mischt aus Angst um seine Vormachtstellung zur See kräftig mit. Die bayrischen Wittelsbacher, deren Thronprätendent 1699 gestorben war, verbünden sich mit Frankreich, Österreich mit England. Linz liegt wieder im Grenzgebiet zwischen zwei feindlichen Mächten. Als 1704 die Alliierten bei Höchstädt siegen, atmet die Stadt auf – die Kriegsgefahr ist gebannt. Der Spanische Erbfolgekrieg zieht sich hin bis zum Frieden von Utrecht (1713), aber Linz bleibt (wieder einmal) verschont. 1713 wütet erst einmal die Pest, die die Stadt und ihre Umgebung fast sechs

Monate lang heimsucht. 1714 wird deshalb beschlossen, zum Dank für die Errettung aus der Pestgefahr und für die Abwendung des Krieges auf dem Marktplatz, dem heutigen Hauptplatz, eine der Heiligen Dreifaltigkeit gewidmete Säule nach einem Entwurf von Antonio Beduzzi zu errichten, die 1723 geweiht wird.

Das Rokoko

»Deß mittags nahmen wir unsere mahlzeit zu Lintz ein, diese statt liegt in Oberösterreich an der Donau, worüber eine ziemliche lange brücke gehet welche so gemaht, daß man zu winters zeit, die darauf gelegte bolen, bey starcken Eyßgang abnehmen kan, die statt ist nicht groß, aber wohl gebauet, und gehen auß den obersten stockwerck die wasserrinnen herfür, welche daß waßer vom dach auffangen.«
[Hermann Post, 1716]

1711 war Karl VI. Kaiser geworden, und zu seinem Leidwesen stirbt sein Thronfolger schon als Kind. Um den »Familienbesitz« zu retten – nachdem ja schon Spanien an die französischen Anjous gefallen war – erläßt Karl die »Pragmatische Sanktion«, die auch weiblichen Familienmitgliedern die Thronfolge gestattet. Als Karl VI. 1740 stirbt, ist tatsächlich kein männlicher Erbe vorhanden, und seiner ältesten Tochter Maria Theresia wird das Erbe von verschiedenen Seiten streitig gemacht: Bayern und Spanien melden Ansprüche an, Sachsen hofft, sich bereichern zu können, Friedrich II. von Preußen fällt in Schlesien ein.
Auch Karl Albert von Bayern erkennt die Pragmatische Sanktion nicht an und fällt mit bayrischen und französischen Truppen ins Land ober der Enns ein. Im September 1741 wird Linz besetzt. Maria Theresia holt Verstärkung aus Ungarn (das 1687 die Krone den Habsburgern übertragen hatte), und um Neujahr 1742 wird Linz von den österreichisch-ungarischen Truppen unter Graf Khevenhüller und Franz Stephan von Lothringen (dem späteren Kaiser Franz I.) angegriffen. Nach harter Beschießung der Stadt geben die Bayern und Franzosen am 24. Jänner die Stadt auf. Die Besatzer erhalten freien Abzug, aber die Stadt hatte schwer gelitten.
Dazu kommt, daß die Stände Albrecht freiwillig gehuldigt hatten, worüber Maria Theresia natürlich überhaupt nicht erbaut war, als sie 1742 zur Erbhuldigung nach Linz kam. An ein Wohlwollen der Kaiserin war also vorerst nicht zu denken, Linz war wieder einmal zur unbedeutenden Provinzstadt herabgesunken. Aber verarmt war man keineswegs.

Dem Linzer Kaufherrn und mehrmaligen Bürgermeister Johann Adam Pruner war ein Handelsschiff verschollen, das für verloren gehalten wurde. Als es mit gehöriger Verspätung an einem 27. doch noch einen sicheren Hafen erreichte, gelobte Pruner 1734, er wolle eine wohltätige Stiftung tun: Es solle ein Gebäude aufgeführt werden, in dem 27 männliche, 27 weibliche Pfründner und 27 Waisenknaben Unterkunft, Verpflegung und Erziehung genießen sollten. Dafür setzte Pruner 158.000 Gulden als Stiftungsgeld aus, zur Unterhaltung *[sic]* eines Verwalters weitere 3400 Gulden, zur Abhaltung von Gottesdiensten in der Kirche des noch heute so genannten »Prunerstifts« weitere 12.000 Gulden und für die Ausstattung der Kirche selbst nochmals 2000 Gulden. Mit 1700 Gulden aus der Stiftung wurde der Unterricht von 27 armen Knaben bezahlt. Bedenkt man, daß ein mittelgroßes Stadthaus 3500 bis 5000 Gulden kostete, eine Kuh rund zehn Gulden, und daß ein Handwerker damals in der Woche zweieinhalb bis drei Gulden verdiente, dann stellt sich die Frage, was wohl auf dem Schiff geladen war…

1742 begann der Bau *des* Wahrzeichens von Linz: der Kirche auf dem Pöstlingberg. 1748 wurde die Pöstlingbergkirche vom Passauer Bischof geweiht und war schon bald ein vielbesuchter Wallfahrtsort mit Bedeutung weit über Linz hinaus.
1764 wurde die erste Stadtbeleuchtung mit 112 Lampen eingeführt. Aus dem Jahre 1770 stammt die Schiffahrtsordnung, in der ein strenges Reglement für die Donauschiffahrt festgehalten wird: Ein betrunkener Schiffer ist an der nächsten Mautstelle auszuladen und in den Kerker zu stecken.
1776 wurde in Linz die Normalschule gegründet.

Mozart und der Bischofsstuhl – Zwischen Aufklärung und Napoleon

»…als wir den andern tage zu Linz beym thor waren, war schon ein bedienter da, um uns zum alten grafen thun zu führen, alwo wir nun auch Logiren. Ich kann ihn nicht genug sagen wie sehr man uns in diesem Hause mit höflichkeit überschüttet. – Dienstag als den 4:ten Novembr werde ich hier im theater academie geben. und weil ich keine einzige Simphonie bey mir habe, so schreibe ich über hals und kopf an einer Neuen, welche bis dahin fertig seyn muss.«
[Wolfgang Amadeus Mozart an seinen Vater, 31. Oktober 1783]

Es war nicht sein erster Aufenthalt in Linz, von dem Mozart diesen Brief an seinen Vater schrieb – schon 1762 hatte er zusammen mit seiner Schwester hier konzertiert, was ihm die Gönnerschaft des Grafen Pálffy brachte und mit zu seinem großen Erfolg als Wunderknabe am Hofe Maria Theresias beitrug. Sein Aufenthalt beim Grafen Thun, in dessen Verlauf die Symphonie C-Dur KV 425, genannt die »Linzer Symphonie«, entstand, war einer Opernaufführung in Ebelsberg zu verdanken. Mozart hatte sich entschlossen, auch dabei zu sein, wenn ganz Linz sich dort versammelte, und war bei dieser Gelegenheit vom Grafen Thun in die Stadt eingeladen worden.
Theater und Oper sowie Konzertbetrieb hatten in Linz schon Tradition, und in dieser Hinsicht war die Stadt keineswegs ein unbedeutendes Provinznest: 1569 war die erste Oper aufgeführt worden, und 1611 waren von den Ständen 100 Gulden auf Komödiantenkleider bewilligt worden. Als die Jesuiten 1625 das Schulwesen in der Stadt übernahmen, betrieben sie auch ein eigenes Theater und Auditorium, wenn auch nicht anzunehmen ist, daß es so ganz der leichten Muse der Unterhaltung gewidmet war. Man gab christlich-moralisierende Stücke – politisches Theater der Gegenreformation, wenn

man so will. 1711 bewilligten die Stände dem Jesuiten-Theater 6000 Gulden, 1731 zu seiner Wiederherstellung nochmals 4000 Gulden, und ebenfalls Anfang des achtzehnten Jahrhunderts wurde auch der städtische Stadel an der Donaulände (etwa im Bereich des heutigen Zollamtes) zu einem ersten Schauspielhause umgebaut.

1761 bewilligten die Stände der Stadt 400 Gulden zum Ausbau des Schauspielhauses, ab 1769 erhielt der Theaterunternehmer einen Jahresbeitrag von 400 Gulden durch die Stände, was einen kontinuierlichen Spielbetrieb sicherte. Als der Theaterstadel baufällig geworden war, beantragte die Adelige Theatersocietät 1773 die Erbauung eines neuen Schauspielhauses. Dieser Bau kam jedoch nicht zur Ausführung, im Gegenteil, die laufende Unterstützung von 400 Gulden jährlich an die Theatergesellschaft wurde bei der Gelegenheit auch gleich bemängelt – die ersten Kultursubventionen stoßen auf die erste Rechnungshofkritik!

Das Theater war – trotz Baufälligkeit – bis 1786 in Betrieb, dann wurde das ständische Kasinogebäude als Ausweichlokal verwendet, und wie das bei Provisorien so ist – dort blieb das Theater bis zur Fertigstellung des Theaterneubaus neben den Redoutensälen 1803. Die Kulturbegeisterung kannte keine Grenzen: bei 782 Sitz- und 290 Stehplätzen wurde schon bald nach der Eröffnung (bei kaum über 20.000 Einwohnern) festgestellt: »Schade, daß der Raum für die steigende Volkszahl zu klein ... ist!« Bei dieser Begeisterung für Theater und Konzerte verwundert es nicht, daß Mozart sicher war, bei der Opernaufführung in Ebelsberg »ganz Linz« zu treffen!
Mittlerweile hatte Joseph II. die Regierung von seiner Mutter übernommen, und als er 1780 Alleinregent wurde, begann eine Serie von Neuerungen: Als eifriger Verfechter der Aufklärung war Joseph II. ein Gegner der Jesuiten, die er auch prompt 1773 formell und 1785 endgültig aufhob und des Landes verwies. Nebenbei war er der Ansicht, es gäbe zu viele kontemplative Orden, und auch die geistlichen Stifte wurden radikal ausgedünnt. Die Bibliothek des Jesuitenkollegiums zu Linz wurde zum Grundstein einer öffentlichen Bibliothek, die über kaiserliche Verfügung vom Stifte Kremsmünster betreut wurde, und das 125 Jahre lang, bis sie 1922 vom Staate übernommen und zum Kernstück der Sammlung der Bundesstaatlichen Studienbibliothek in Linz wurde.
Mit den verwaisten Gebäuden der aufgehobenen Stifte und Kollegien verfuhr Joseph ganz pragmatisch – sie wurden in großer Zahl staatlichen Zwekken zugeführt: die Stifte Garsten (bei Steyr) und Suben (am Inn) etwa dienten als Kasernen und Gefängnisse (und zwar bis heute), das Linzer Jesuitenkolleg wurde letztlich Sitz der Postdirektion.
Nur die Jesuitenkirche blieb leer. Bis der Passauer Bischof starb. Den Habsburgern war lang schon ein Dorn im Auge gewesen, daß das Land ob der Enns in geistlicher Hinsicht dem Fürsterzbistum Salzburg und der Diözese Passau unterstand und damit natürlich auch einem gewissen politischen Einfluß von Salzburg und Bayern her unterworfen war. Man wär halt gern in *jeder* Hinsicht Herr im eigenen Haus gewesen.

Vorige Doppelseite: Der Pöstlingberg von Süden. So nahe die lebhafte Stadt auch ist, hier, an ihrem nordwestlichen Rand, geht sie fast unmerklich in die sanfte Hügellandschaft des Mühlviertels über.

Als der greise Passauer Bischof Kardinal Leopold Firmian 1784 starb, handelte Joseph II. schnell: Im Nu legte er die Diözesangrenzen des Bistums Linz fest, zwang den neuen Passauer Bischof zum Verzicht auf alle Diözesanrechte in Oberösterreich (wofür dieser die Passauischen Besitzungen und Einkünfte zurückerhielt, welche kurz zuvor profaniert worden waren) und ernannte Ernst Graf Herberstein zum ersten Bischof von Linz.

Dem Papst, der für die Ernennung von Bischöfen eigentlich zuständig gewesen wäre, wurde nachträglich Mitteilung von der ganzen Angelegenheit gemacht. Joseph II. weiter: »Die Linzer Pfarrkirche ist als Domkirche zu bestimmen, das große nicht nötige Haus des Stiftes Kremsmünster in der Herrenstraße als Residenz.« Punktum. So einfach war das. Herberstein wollte die Stadtpfarrkirche nicht, wenn daneben die größere Jesuitenkirche samt ihren zahlreichen Nebenräumlichkeiten leerstand, und nahm diese zum Bischofssitz. Von dieser Änderung wurde Rom nicht einmal mehr verständigt, und so wurde auch noch das (nachträgliche) päpstliche Ernennungsdekret sozusagen per Adresse Stadtpfarrkiche übersandt. So kam Linz zu einem Bischof von *Kaisers* Gnaden.

Die friedlichen Zeiten unter Joseph II. aber währten nur kurz: In Frankreich hatte eine Revolution die Bourbonen vom Thron gestürzt, die ausgerufene Republik war nur von kurzer Dauer, und bald war Österreich mit wechselnden Verbündeten im Krieg gegen das neue militärische Genie Frankreichs: Napoleon.

Schlimme Zeiten – Die napoleonischen Kriege

»Wir nahmen unsern Weg durch Ober-Oestreich nach Linz, wo wir den 9. des Abends ankamen. Den 10. gingen wir auf die Polizei, um uns die Pässe nach Bäyren visieren zu lassen, da erhielten wir die traurige Nachricht von der Polizei, soeben ist ein Kurier von der Armee gekommen, daß gestern, den 9. der Krieg erklärt worden ist und heute die Kaiserliche Armee über die Bayrische Grenze geht und wir deshalb die Pässe dorthin nicht visiert bekommen können.«
[Johann David Scholz, 1809]

Das neue Jahrhundert fing gar nicht gut an. Im März 1799 hatte man zwar die Franzosen bei Stockach und Zürich geschlagen, aber schon im September waren die Franzosen in der zweiten Schlacht bei Zürich siegreich geblieben. Am 18. Brumaire (dem 9. November) hatte Napoleon einen erfolgreichen Staatsstreich gewagt und die Macht in Frankreich übernommen. Und im März 1800 hatten sich die Franzosen unter Napoleons Befehl von der Schweiz aus nach Süden aufgemacht, um Italien zurückzuerobern. Auch Linz stand unter Spannung: Was würde geschehen? Im Linzer Schloß waren schon Truppen einquartiert, die ehemalige Kaiserresidenz war wieder einmal dem langsamen Verfall überlassen.
In den frühen Abendstunden des 15. Juni 1800 brach die Katastrophe aus: Ein Brand im Schloß verbreitete sich – angefacht vom Wind und unterstützt

durch die hölzerne Überdachung, die das Schloß mit der Stadt verband – in kürzester Zeit über die gesamte Altstadt. Das Landhaus stand in Flammen, das Kremsmünstererhaus, die alte Stadtwaage – das gesamte Viertel zwischen Hauptplatz und Schloßberg brannte. Die Löschversuche der Linzer Bürger blieben erfolglos, zu stark waren Feuer und Wind. Nur der soliden Bauweise der Vorfahren war es zu verdanken, daß wenigstens die Kernsubstanz der Bauten erhalten blieb. Und so machte man sich – nachdem die Flammen und die letzten Glutnester ein paar Tage später erloschen waren – wieder einmal an den Aufbau. Die Bürgerhäuser wurden nach alter Tradition (rund alle 60 Jahre war eine Brandkatastrophe über die Stadt hereingebrochen) einfach an Ort und Stelle wieder aufgebaut, die Grundrisse waren durch die erhaltenen Mauern vorgegeben, und die Dachstühle wurden halt wieder draufgesetzt... Nur rund um das Landhaus erfolgten größere bauliche Umgestaltungen: Eine Verbindungsgasse zwischen der Altstadt und dem ständischen Ballhaus wurde durch den Schutt gebrochen (Benedikt Pillwein bezeichnet sie bereits 1824 als die »geräumige Theatergasse«), und der Nordtrakt des ehemaligen Minoritenklosters wurde ein selbständiges Bauwerk. Ein Teil des landständischen Archivs war unwiederbringlich verbrannt, erhalten geblieben sind nur Inventarverzeichnisse, aus denen sich wenigstens der Inhalt der vernichteten Akten rekonstruieren läßt, und dahin war auch der Südflügel des Linzer Schlosses: Seit dieser Zeit ist der wuchtige Vierkantbau auf seiner südlichen Längsseite offen, seit 1800 zeigen sich die ehemals geschlossenen Innenhöfe in ihrer heutigen Form.
Am 3. Dezember 1800 wurden die österreichischen Truppen bei Hohenlinden besiegt, und um Weihnachten wurde die abgebrannte Stadt von französischen Truppen besetzt. Die Besatzung dauerte nur ein paar Monate, aber sie sollte nicht die letzte sein.
Die Linzer jedoch – in der Euphorie des Wiederaufbaus – dachten nicht nur an Brot, sondern auch an Spiele: Sie bauten (endlich) ihr Theater fertig – 1803 wurde es eingeweiht.
Im Oktober 1805 besetzten russische Truppen Oberösterreich und stellten sich in der Nähe von Braunau am Inn bereit zur Schlacht gegen die Franzosen. Die Franzosen waren schneller als die Russen und stellten das österreichische Heer bei Ulm, wo es vernichtend geschlagen wurde. Der russische General Kutusow zog sich in der Richtung nach Wien zurück und zerstörte hinter sich die Brükken über den Inn bei Braunau und über die Traun bei Linz. Leo Tolstoi hat diese Ereignisse in seinem Roman »Krieg und Frieden« beschrieben, es ist die erste Erwähnung der Stadt in einem Werk der Weltliteratur. Die Franzosen rückten eilends nach, und nach einigen kleineren Gefechten, darunter auch an der Enns, schlugen sie die verbündeten Heere der Österreicher und Russen bei Austerlitz in Mähren vernichtend. Österreich war geschlagen und wieder einmal französisch besetzt. Tirol wurde bayrisch, und von dort flüchtete die Oberin des Adeligen Damenstifts zu Innsbruck, Maria Elisabeth, sechstes Kind Maria Theresias, nach Linz.

Maria Elisabeth war in ihrer Jugend eine Schönheit gewesen, aber mittlerweile nach einer Pockenerkrankung ziemlich entstellt. Mit den Jahren hatte sie auch ein wenig zugenommen – besser gesagt, sie war sehr korpulent, und zuletzt hatte sich noch ein Kropf eingestellt bei ihr, und zwar gleich ein dreifacher. Im Volksmund wurde sie »kropferte Liesl«

Linz vom Urfahrer Platzl aus, Aquarell um 1820. Die Stadtsilhouette hat sich in den letzten zwei Jahrhunderten erheblich verändert. Von links nach rechts: die Stadtpfarrkirche noch mit niedrigem Turmhelm, der Alte Dom, die Ursulinenkirche, der Turm des Schmidtors, das Türmchen der Minoritenkirche und der Landhausturm.

genannt, und sie war für ihre scharfe Zunge berüchtigt. 1806 zog sie nach Linz und quartierte sich im Haus Altstadt 30 ein, jenem Bau, der nach dem Brand von 1800 durch die Theatergasse vom Landhaus abgetrennt wurde. Da die hohe Dame natürlich nicht wie ein gemeiner Handwerker zu ebner Erd' wohnen konnte, aber ihre Leibesfülle für das Stiegensteigen und das Wasserholen nicht geschaffen war, wurde – so erzählt man sich – für sie eigens eine Wasserleitung in das Haus gelegt. Für ihre Spaziergänge und Kirchenbesuche wurde sie mittels eines durch Menschenkraft betriebenen Aufzugs heruntergelassen und wieder hinaufgehievt! So hat die Tochter der Kaiserin der Stadt die erste Wohnung mit Fließwasser und den ersten Lift beschert. Sie ist übrigens am 22. September 1808 in Linz gestorben und liegt in der Jesuitenkirche, dem Alten Dom, begraben.

1809 kommen die napoleonischen Truppen zum dritten Mal nach Linz: Erzherzog Karl hatte in einem Manifest die »deutschen Völker« zum Widerstand aufgerufen. Die Tiroler Bauern erheben sich gegen die bayrischen Besatzer, auch in den anderen österreichischen Kernlanden ist der Wille zum Kampf gegen Napoleon groß, aber Karl bleibt ohne Verbündete. Nach einer Schlacht bei Regensburg rücken die Franzosen heran, und Karl geht langsam gegen Wien zurück.
Am 3. Mai 1809 gegen 10 Uhr trifft im heutigen Stadtteil Kleinmünchen die französische Vorhut auf die österreichische Arrièregarde. Es entbrennt ein erstes Gefecht, die Österreicher ziehen sich zur Traun zurück und stellen sich bei Ebelsberg zur Schlacht. Nicht mit der Hauptmacht allerdings, denn diese zieht sich weiter gegen Wien zurück. Aber die Franzosen werden von einem Wiener Freiwilligenkorps unter dem Kommandierenden Hiller lange

genug aufgehalten (nach ihm ist die große Kaserne in Ebelsberg benannt), so daß sich Erzherzog Karl mit der Hauptarmee in der Nähe von Wien postieren kann. Bei Aspern gelingt Erzherzog Karl als erstem ein Sieg über Napoleon.
Die Franzosen besetzen noch am 3. Mai die Stadt Linz und müssen feststellen, daß fünf Joche der Brücke abgebrannt sind. Am Urfahrer Donauufer liegt eine stattliche Anzahl von Schiffen, die für den Donauübergang der Armee Karls vorbereitet worden waren. Die Franzosen verlangen die Herausgabe der Schiffe, die Urfahraner aber weigern sich und zünden die Schiffe »im Angesicht der Feinde«, wie ein Chronist feststellt, an. Daraufhin beginnen die Franzosen, den Markt Urfahr mit Haubitzen zu beschießen, bis der Ort in Brand gerät. 31 Häuser – etwa ein Zehntel des gesamten Bestandes in Urfahr – brennen ab.
Nach der österreichischen Niederlage bei Wagram 1809 fällt das Innviertel wieder einmal an Bayern, ebenso wie Tirol und Salzburg. Linz ist wieder Grenzstadt gegen Westen.
Die weiteren napoleonischen Kriege betreffen Linz nicht mehr, und der Wiener Kongreß nach der Niederlage Napoleons stellt – politisch – die alte Ordnung wieder her. Aber die neue Zeit läßt sich nicht aufhalten, und große Dinge stehen Linz bevor.

Salz, Schienen und Schiffe – Industrialisierung und Biedermeier

»Als sich im Jahre 1807, unter dem Vorsitze des Fürsten Ant. Isidor v. Lobkowitz, eine hydrotechnische Privat=Gesellschaft zu Prag bildete, wurde auf den Antrag ihres scientistischen Directors, des k.k. Gubernalrathes Ritters von Gerstner, die ursprüngliche Idee einer Wasserverbindungaufgegeben und dagegen eine Verbindung dieser zwey Flüsse zu lande mittels einer Eisenbahn, als minder kostspielig und dem Zwecke mehr entsprechend, angenommen.«
[Oesterreichisches Bürgerblatt für Verstand, Herz und gute Laune, 1825]

Im Salzkammergut wurde schon seit keltischer Zeit Salz abgebaut und seit Jahrhunderten die Traun hinab nach Linz verschifft, wo ein Teil weiter gegen Wien transportiert wurde, ein großer Teil aber per Straße weiter nach Böhmen geführt werden mußte. Schon Kaiser Karl IV. hatte 1375 erwogen, die Donau mit der Moldau durch einen Kanal zu verbinden, da im Linzer Raum die beiden Flüsse nur knapp dreißig Kilometer Luftlinie auseinander liegen. Ferdinand II. hatte den Plan ebenso wieder aufgegriffen wie Joseph I. und Maria Theresia – alle scheiterten an den technischen Problemen. Jetzt aber schien die Zeit reif, und man beauftragte den Direktor des Technischen Instituts der Prager Universität, Franz Josef Ritter von Gerstner, mit der Grundlagenplanung für den Donau-Moldau-Kanal. Nach eingehender Untersuchung empfahl er schon 1807 angesichts der technischen (und finanzi-

ellen) Schwierigkeiten des Kanalbaues, eine Pferdebahn zur Verbindung der beiden Flüsse anzulegen. Seine Ausführungen waren überzeugend, und noch im selben Jahr erhielt er den Auftrag, ein Bahnprojekt auszuarbeiten. Die napoleonischen Kriege machten Gerstners Plänen ein Ende.
1815 erwog auch der Salinen-Oberamtsrat Adelsburg die Errichtung einer Schienenverbindung von Gmunden zur Donau, um den Kosten für den weiteren Ausbau der Traunschiffahrt zu entgehen. Seine Idee scheiterte am Widerstand der Salinenbehörde.
Erst als 1819 die Elbeuferstaaten in Dresden eine Konvention schlossen, in der die Elbschiffahrt reguliert wurde, und als Österreich im Zuge dieser Verhandlungen ersucht wurde, die Schiffbarkeit der Moldau bis Budweis zu verbessern und von dort eine Verbindung zur Donau zu schaffen, hatte die Stunde des Eisenbahnbaus geschlagen: 1822 beauftragte eine Hofkommission den Sohn Gerstners, Franz Anton Ritter von Gerstner, Professor am Polytechnikum in Wien, mit der Ausarbeitung eines geeigneten Projektes.
Gerstner studierte die Pläne seines Vaters, fuhr nach England, wo bereits die ersten Eisenbahnen im Bergbau eingesetzt wurden, und nachdem er mit einer Versuchsstrecke im Wiener Prater die Honoratioren beeindruckt hatte, erhielt er1824 ein Privilegium zur Errichtung einer »Holz- und Eisenbahn« zwischen Moldau und Donau. 1825 konstituierte sich die »K.k. privilegierte Erste Eisenbahngesellschaft«, Gerstner wurde mit der Bauführung beauftragt.
Am 28. Juli 1825 wurde bei Nettrowitz der erste Spatenstich getan. Gerstner hatte bei seinem Besuch in England erkannt, daß die Zukunft der Dampflokomotive gehören würde, und trassierte die Bahn so, daß ein späterer Dampfbetrieb gewährleistet sein würde. Schon 1826 kam es zu den ersten Auseinandersetzungen mit den Aktionären, die Kapitalaufbringung für Gerstners aufwendige Bauweise stockte, die Grundeinlösen kosteten mehr als erwartet, und insgesamt erschien den Aktionären die Gesellschaft nicht ertragreich genug. 1829 trennte sich die Eisenbahngesellschaft von Gerstner und übergab die Bauleitung Gerstners Assistenten Matthias Schönerer. Dieser trieb den Bau in einer Sparvariante mit kleineren Kurvenradien schnell voran, und am 21. Juli 1832 wurde die Pferdeeisenbahn Linz–Budweis in Anwesenheit des Kaiserpaares offiziell eröffnet.

Die Geschichte gab Gerstner recht – 1835 wurde die erste Dampfeisenbahn in Deutschland fertiggestellt, am 23. November 1837 die erste Teilstrecke der Kaiser-Ferdinands-Nordbahn eröffnet, kurzum, die Pferdeeisenbahn war fünf Jahre nach ihrer Eröffnung bereits technisch veraltet. Dennoch wurde die Strecke weiter ausgebaut: 1827 hatte der aus Triest stammende Ingenieur Franz Zola ein Privileg zur Verlängerung der Bahn von Linz nach Gmunden beantragt, das ihm 1829 auch gewährt wurde. Rasant steigende Grundstückspreise und mangelnde Kapitaldeckung ruinierten den ambitionierten Franz Zola, der 1831 das Handtuch warf und nach Frankreich emigrierte. Die Bahn wurde von der k.k. privilegierten Ersten Eisenbahngesellschaft fertiggestellt, und ab 1. Mai 1835 war die Bahn durchgehend von Gmunden über Linz bis Budweis in Betrieb. Franz Zola machte in Frankreich Karriere, wenn auch nicht mit der Eisenbahn: Er baute den Pariser Befestigungsring nach Muster der Maximilianischen Befestigung von Linz und erwarb damit großes Ansehen. Bekannter aber wurde sein Sohn – es ist der große französische Schriftsteller Émile Zola…

Ab 1856 wurde die Strecke Linz–Gmunden durchgehend mit Dampflokomotiven befahren, 1859 wurde sie bis Lambach durch die Kaiserin-Elisabeth-Westbahn ersetzt. Von Budweis bis Freistadt folgte die neuerbaute Bahnverbindung nach St.Valentin in weiten Teilen der Gerstnerschen Strecke, aber Schönerers Trasse hatte sich bereits 1854 als für den Lokomotivbetrieb unbrauchbar erwiesen. 1874 wurde die Verbindung Linz–Freistadt endgültig aufgelassen. Heute dient die erste Eisenbahntrasse Kontinentaleuropas als Spazier- und Wanderweg, an dem noch zahlreiche Zeugen früher Industriearchitektur zu bewundern sind. Die Bahn war übrigens trotz allem ein glänzendes Geschäft: Die Aktionäre erhielten die ganze Zeit des Bestehens der Gesellschaft immer eine Dividende von mindestens fünf Prozent.
Am 17. September 1837 legte die »Kaiserin Maria Anna« als erstes Dampfboot in Linz an, und es dauerte nicht lange, bis der Schiffmeister und Produktenhändler Ignaz Mayer eine Schiffswerft in Linz gründete. Und er gründete sie mit Weitsicht: Nicht mehr hölzerne Plätten und »Kehlheimer« wurden gebaut, sondern eiserne Schiffe, und so verließ am 12. November 1840 der erste eiserne Donaufrachtkahn die Linzer Werft. Bald baute Mayer auch Dampfschiffe, als erstes den Raddampfer »Inn«, und die Linzer Werft wurde scshnell zu einem Lieferanten für die Schiffahrt auf fast allen Binnengewässern und Strömen Europas. 1919 wurde die Linzer Werft zur »Schiffswerft Linz Aktiengesellschaft«, nach 1945 Teil der »Österreichischen Schiffswerften AG«, und erst die Krise der Binnenschiffahrt Anfang der neunziger Jahre und der wirtschaftliche Ruin der traditionellen Abnehmer im europäischen Osten machten nach hundertfünfzig Jahren dem erfolgreichen Schiffsbau in Linz ein Ende.

Der Wagen »Hannibal« der Pferdeeisenbahn steht heute im Technischen Museum in Wien. Die doppelseitige Kutschenform war praktisch: Begegneten sich zwei Personenwagen auf der eingleisigen Strecke, wurden die Deichseln und Pferde ans andere Ende gehängt, die Reisenden tauschten die Kutschen, und schon ging es weiter…

Gründerzeit

»... ein Bureaukratieerl, ein Zensurerl, Staatschulderln,
weit über unsere Kräfterln, also müssen wir auch ein Revolutionerl,
und durchs Revolutionerl ein Konstitutionerl
und endlich a Freiheiterl krieg'n.«
[Johann Nepomuk Nestroy, »Freiheit in Krähwinkel«]

1849 wird in Linz die Allgemeine Sparkasse gegründet, und das ist auch so ziemlich das Revolutionärste, was in den Revolutionsjahren in Linz passiert. Keine Revolution, nicht einmal ein Revolutionerl erschüttert die Stadt. Und dennoch »kriegt« sie mit den diversen »Konstitutionerln« der nächsten Jahre eine ganze Menge »Freiheiterl«, die für die weitere Entwicklung der Stadt einige Bedeutung erlangen.
Zunächst einmal »krieg'n« die Linzer nebst einem neuen Kaiser (Franz Joseph) einen neuen Bürgermeister: Der oktroyierte Vormärz-Bürgermeister wird abgesetzt, und ab 1850 dürfen die Linzer den Rat und den Bürgermeister (wieder) selbst wählen – eines von den neuen »Freiheiterln«.
Dann bringt das 48er-Jahr einen neuen Mitbürger: Der Landschaftsmaler (so bezeichnet er sich selbst) und Schriftsteller Adalbert Stifter entflieht der Unruhe der Stadt Wien und zieht sich in die Provinz zurück. Über eigenen Wunsch wird er nicht zum Inspektor der Gymnasien in Niederösterreich, sondern zum Schulrat (etwa Landesschulinspektor) für die Volksschulen in Oberösterreich ernannt. Bis das Anstellungsdekret kommt, macht sich Adalbert Stifter schon in mannigfacher Weise um Stadt und Land verdient: Er arbeitet den Plan für eine Realschule aus (die 1850 auch eingerichtet wird), und er ist Redakteur der »Linzer Zeitung«.

Die »Linzer Zeitung« ist eine ganz besondere Zeitung: Sie ist das älteste noch immer erscheinende Periodikum der Welt. Am 16. Juli 1630 kam sie zum ersten Male als Nachrichtenblatt heraus, und noch immer erscheint sie wöchentlich, mittlerweile zum offiziellen Organ des Landes Oberösterreich avanciert. »Mit Schuhwichs auf Löschpapier gedruckt«, wie ein Kritiker ihr im 19. Jahrhundert vorwarf, ist sie allerdings nicht mehr...

Stifter bleibt neben seiner schriftstellerischen Tätigkeit – die mit den Romanen »Nachsommer« und »Witiko« ihren Höhepunkt findet – trotz seiner wachsenden Abneigung gegen das »Hottentottien«, das »trockene Böotien«, dem Lande und der Stadt verbunden. Auf seine Anregung geht die Restaurierung des Kefermarkter Altares zurück, mit der Stifter 1852 betraut wird: Noch vor Einführung des staatlichen Denkmalschutzes wird er sozusagen zum ersten Landeskonservator bestellt. Nebenher ist Adalbert Stifter auch noch der Initiator und Mitbegründer der oberösterreichischen Landesgalerie, deren erste Ankäufe er selbst tätigt.
Am 8.12.1854 verkündet Papst Pius IX. das Dogma von der Unbefleckten Empfängnis Mariens, welches besagt, daß die Gottesmutter ihrerseits schon frei von Erbsünde empfangen worden sei. Der Linzer Bischof Franz Joseph Rudigier nimmt es zum Anlaß, das größte Linzer Bauprojekt eines an Bauten nicht armen Jahrhunderts zu initiieren, von dem das Stadtbild heute noch

Sie macht ihrem Namen alle Ehre: die Landstraße noch ungepflastert. Aufnahme um 1873.

geprägt wird: den Mariendom, allgemein »Neuer Dom« genannt. Die Vorarbeiten nehmen etliche Jahre in Anspruch, 1862 endlich ist die Grundsteinlegung.

Im November 1855 wird Anton Bruckner Linzer Stadtpfarr- und Domorganist und versieht dieses doppelte Amt mit Gewissenhaftigkeit. Bischof Rudigier wird sein Freund und Gönner, er ermöglicht Bruckner, in Wien beim Musiktheoretiker Simon Sechter zu studieren, und fördert ihn nach Möglichkeit.

1860 lernt Bruckner Otto Kitzler kennen, den Ersten Kapellmeister des Landständischen Theaters, und dieser führt ihn in die Welt der »Neuen Musik« ein, macht ihn mit den Werken Wagners bekannt und fördert auch Bruckners eigene Kompositionstätigkeit. 1861 schreibt Anton Bruckner ein »Ave Maria« für die Liedertafel »Frohsinn«, der er schon seit Beginn seiner Linzer Zeit angehört.

Am 4. April 1868 führt Bruckner mit der Liedertafel erstmals den Schlußchor aus den »Meistersingern« auf, mit Wagners ausdrücklichem Einverständnis noch vor der eigentlichen Premiere der Oper. Am 9. Mai erleben dann die Linzer etwas ganz Besonderes: Die c-Moll-Symphonie (die »Erste«) ihres geschätzten Herrn Domorganisten wird in den Redoutensälen uraufgeführt, Bruckner dirigiert selbst.

Ein wenig verwundert sind die Linzer schon über die »neumodischen« Klänge – der Komponist selbst bezeichnet die Symphonie als »keckes Beserl« –, aber sie nehmen sie mit Beifall auf. Zur Weihe der Votivkapelle des Neuen Doms komponiert er im selben Jahr die e-Moll-Messe. Da die Messe im Freien (sozusagen mitten auf der Baustelle) aufgeführt werden soll, setzt er zur Begleitung des vier- bzw. achtstimmigen Chores nur Holz- und Blechbläser ein. Bischof Rudigier ist so sehr angetan von der Messe, daß er Bruckner zweihundert Gulden als Dank auszahlen läßt – es bleibt das einzige Honorar, das Anton Bruckner für seine Kompositionen jemals erhält, sieht man von 50 Gulden Tantiemen von seinem Musikverleger einmal ab…

Nach neunzehnjähriger Bauzeit noch immer ein Torso: der neue Mariendom 1881.

1861 war zum erstenmal ein gewählter oberösterreichischer Landtag zusammengetreten, und wenn auch das Wahlrecht ein Klassenwahlrecht war und die Frauen davon ausgeschlossen blieben, so war es doch wieder eines jener »Freiheiterl«, die die Linzer selbst ohne eigene Revolution genossen. Noch gab es keine politischen Parteien, aber Liberale (etwa der Vater des Dichters Hermann Bahr) und Konservative (darunter auch Bischof Rudigier) gerieten schon heftig aneinander. 1868 konstituierten sich die ersten konservativen Parteiorganisationen, gleichzeitig entstanden die ersten Arbeiterbildungsvereine. Im Jahr darauf folgte die Gründung des liberal-politischen Vereins, 1870 jene des Katholischen Volksvereins. Ein Jahrzehnt später wird der Deutschnationale Verein in Linz ins Leben gerufen, zu seinen Gründern gehört der spätere Abgeordnete Schönerer, Sohn des zweiten Bauleiters der Pferdeeisenbahn.

À propos Pferdeeisenbahn: Diese hatte 1872 den Betrieb auch auf der Strecke Linz–Budweis endgültig eingestellt, und ab demselben Jahr verband eine Lokomotiv-Eisenbahn, die Summerauerbahn, nicht mehr Linz, sondern St. Valentin mit Budweis. Dennoch entwikkelte sich Linz zum Eisenbahnknotenpunkt – Westbahn (nach Wien und Salzburg), Pyhrnbahn (in die Steiermark) und die Verbindung zur Summerauerbahn unterstreichen die verkehrsmäßige Bedeutung, die Linz auch im Schienenzeitalter bewahrte. So ist es nicht verwunderlich, wenn der bayrische Lokomotivfabrikant Krauss 1880 ein Zweigwerk in Linz eröffnete, das in den folgenden Jahrzehnten im Bereich der Nebenbahn- und Schmalspurlokomotiven zu den Marktführern gehören sollte. Daß Linz und Eisenbahn noch immer eng verbunden sind, beweist lange nach Schließung der Lokomotivfabrik Krauss & Co. die Linzer Firma »Plasser & Theurer«, die ihre Bahnbaumaschinen in die ganze Welt liefert.

Als Kaiser Franz Joseph am 29. Mai 1895 Linz besuchte, wurde ihm dieser Triumphbogen errichtet. Die im Hintergrund sichtbare Straßenbahn wird noch von Pferden gezogen.

Von Pferden gezogene Wägen auf Schienen blieben den Linzern auch nach der Einstellung der Pferdeeisenbahn noch eine Weile erhalten: Ab 1880 verband eine Pferdestraßenbahn Linz mit Urfahr. 1896 wurde dann die Linzer »Electrizitäts- und Straßenbahn Actien-Gesellschaft« ESG gegründet, und diese stellte 1897 die Straßenbahn auf elektrischen Betrieb um – die Linzer hatten endlich ihre »Bim«, und die lieben sie noch heute. 1888 hatte auch Urfahr seinen Bahnhof bekommen: Die Mühlkreisbahn verbindet seither Urfahr mit Aigen.
Eine neue Brücke wurde über die Donau geschlagen – die »Neue Brücke« genannte Eisenbahnbrücke, welche heute, kurz vor ihrem hundertsten Geburtstag, auch schon zu den (wenigen erhaltenen) Industriedenkmälern Österreichs gehört.
1891 hatte der Ingenieur Josef Urbanski die Idee, auf den als Wallfahrtsort vielbesuchten Pöstlingberg eine Zahnradbahn zu bauen. Während der Planungsphase änderte er seine Idee ab und beschloß, eine elektrisch betriebene *Adhäsions*bahn zu bauen. 1897 wurde mit dem Bau begonnen, ein Jahr später ging die Bahn auf ihrer 2,9 km langen Strecke in Betrieb. Sie überwindet auf dieser kurzen Distanz immerhin 255 Meter Höhenunterschied. Und mit ihrer maximalen Steigung von rund 11% ist sie wahrscheinlich die steilste Adhäsionsbahn der Welt – bei *Straßen* mit solchem Gefälle steht ein großes Warnschild für die Autofahrer. Wo aber anderswo Seilzüge oder Zahnstangen zur sicheren Fortbewegung eingesetzt werden, verlassen sich die Linzer auf das Eigengewicht der Wägen und die Reibung auf der Schiene, und das mit Erfolg seit fast hundert Jahren!
1899 war in Leonding, einer kleinen Gemeinde südwestlich von Linz, ein pensionierter Zollbeamter zugezogen, dessen elfjähriger Sohn 1900 an die Staatsrealschule nach Linz kam. Dieser war nach Aussage eines seiner Lehrer »entschieden begabt, [...] zum mindesten galt er für widerborstig, eigenmächtig, rechthaberisch und jähzornig, und es fiel ihm sichtlich schwer, sich in den Rahmen einer Schule zu fügen. Er war auch nicht fleißig, denn sonst hätte er bei seinen unbestreitbaren Anlagen viel bessere Erfolge erzielen müssen...« 1904 mußte er die Linzer Realschule ohne Abschluß verlassen – mangels schulischer Leistungen, keineswegs weil er »so frühzeitig zum politischen Revolutionär geworden« war, wie er in seiner schon 1927 erschienenen Autobiographie behaupten sollte. Von der Steyrer Realschule ging er mit 16 ebenfalls und endgültig ohne Abschluß ab. Keiner seiner

Lehrer und Mitschüler hätte sich damals wohl träumen lassen, welche Bedeutung Adolf Hitler dreiunddreißig Jahre später (nicht nur) für Linz erlangen sollte...
Ansonsten begann das 20. Jahrhundert mit allen Anzeichen wachsender Prosperität, die Stadt Linz dehnte sich aus, und Urfahr wurde endlich selbst zur Stadt – zu einer recht kurzlebigen Stadt, wie sich zeigen sollte.

Die kurzlebigste Stadt Österreichs: Urfahr

»URFAHR, n. (f.) ... *überfahrtsstelle, landungsplatz, überfahrtsrecht und -gebühr; das wort ist oberdeutsch, in heutiger schriftspr. nur noch durch Ortsnamen erhalten, die ... im Österreichischen noch lebendig sind (... stadt* Urfahr *bei Linz).«*
[Jacob und Wilhelm Grimm, Wörterbuch der Deutschen Sprache]

Noch heute sind die »echten« Bewohner Urfahrs (die Urfahraner) in erster Linie Urfahraner, und erst in zweiter auch Linzer, und die Berechtigung zu einem solchen Lokalpatriotismus ziehen sie aus der Geschichte Urfahrs.
Anfänglich hatte sich der kleine Flecken nördlich der Donau parallel zu Linz entwickelt, wie sich eben an einem Flußübergang auf beiden Seiten des Flusses Ansiedlungen entwickeln, wenn das Territorium es zuläßt. Und, wie der Name schon sagt, Hauptzweck war die Überfuhr über die Donau.
Es war ein kleines Nest, bewohnt von Fährleuten und Fischern, von Schiffern und Bootsbauern, die durch die verschiedenen herzoglichen und kaiserlichen Privilegien der Stadt Linz wirtschaftlich schwer getroffen wurden. Urfahr gehörte zur Herrschaft Wildberg, also lokalen Herren, während Linz nur die Landesfürsten über sich hatte. Zudem hatte Kaiser Friedrich III. 1485 den Urfahranern das Weinschenken, die Gasthäuser und allen Handel ausdrücklich verboten. Und als 1497 die Brücke genehmigt wurde, nahmen die Urfahraner dies zum Anlaß, beim Kaiser Klage gegen die Linzer zu führen. Maximilian ermahnte die Linzer, sich mit ihren Nachbarn zu vertragen, und letztere erkannten im durch die Brücke bewirkten Aufschwung des Handels eine Chance. Von der Überfuhr verlegten sie sich auf Schiffstransporte und auf den Warenumschlag. Das Schiffsmeisterhaus in der Ottensheimer Straße mit der Sgraffitofassade von 1598 zeugt davon, daß zumindest einige Urfahraner zu Wohlstand kamen. Der Brückenzoll, der auf beiden Seiten eingehoben wurde, blieb allerdings noch einige Zeit lang Anlaß für Streit und Prozesse gegen die Linzer...
1680 erhielten die Kapuziner von Kaiser Leopold I. die Erlaubnis, in Urfahr ein Kloster und eine Kirche zu bauen, beide wurden 1697 vollendet. Um diese Zeit lebten in Urfahr rund 270 Familien, darunter an die hundert Hausbesitzer. Als Joseph II. 1784 die Kapuziner aufhob und die neugegründete Pfarre Urfahr in die Kapuzinerkirche verlegte, gehörten 4481 Seelen dazu, 2780 im eigentlichen Urfahr, der Rest verteilte sich auf die kleineren umliegenden Ortschaften.

Die große Katastrophe kam im Jahre 1809 über Urfahr: Als die Franzosen Linz besetzt hatten, mußten sie feststellen, daß fünf Joche der Donaubrücke abgebrannt waren. Zudem begannen die wenigen in Urfahr verbliebenen österreichischen Truppen und die französischen Besatzer von Linz eine Schießerei, die aber außer einigen Verwundeten keine größeren Folgen zeitigte. Als die Franzosen bemerkten, daß in Urfahr eine große Zahl von Transportschiffen lag, die für den Donauübergang Erzherzog Karls vorgesehen gewesen waren, forderten sie die sofortige Herausgabe der Schiffe, im Weigerungsfalle würden sie Urfahr mit Haubitzen beschießen. Die Urfahraner zeigten Mut und versenkten die Schiffe im Angesicht der Feinde. Diese begannen, Urfahr heftig mit schwerem Geschütz unter Feuer zu nehmen, bis tatsächlich der Markt in Flammen aufging: 31 Häuser brannten ab, und insgesamt 83 wurden zur besseren Sicht auf den Feind und zu Schanzarbeiten in den nächsten Tagen abgerissen – bei 2381 Einwohnern und 203 Häusern ein gewaltiger Verlust. Trotz des raschen Wiederaufbaues ging es den Urfahraner die nächsten Jahre noch gar nicht gut, 1812 hatte sich die Einwohnerzahl auf 2026 verringert, und erst 1824 gab es über 2500 Urfahraner.

Wir Franz I., Kaiser von Österreich [usw.] Bekennen öffentlich mit diesem Briefe, und thuen kund, daß Uns unsere liebe getreue Ortschaft Urfar Linz [...] gehorsamst gebeten hat, ihr die Freyheiten eines unterthänigen Marktes allergnädigst zu verleihen. Da Wir erwogen haben, daß der Ort Urfar Linz schon seit längerer Zeit als eine Vorstadt von Linz angesehen wurde, daß selber wie die Bürger der Stadt Linz den Fleischkreuzer trage und sich daher in dieser Gabe von dem flachen Lande unterscheide; dieser Ort auch in Rücksicht auf Lokalität, Volksmenge und auf die Summe der Besteuerung und Gewerbsbeschaffenheit alles Erforderliche vereinigt um mit den Freyheiten eines unterthänigen Marktes versehen zu werden, hidurch auch sonst der obrigkeitlichen Jurisdiction kein Eintrag geschieht. So verleihen Wir hiermit gedachten Ortschaft Urfar Linz sämtliche Freyheiten eines unterthänigen Marktes.

Mit dieser Urkunde aus dem Jahre 1817 wurden zwei Jahrmärkte bewilligt, am ersten Sonntag nach Pfingsten und zu Martini, jeweils in der Dauer von zwei Tagen. Haben schon diese Märkte den Aufschwung Urfahrs mit bewirkt, so erlangten sie erst richtig große Bedeutung, als die uralten Linzer Märkte 1892 aufgelassen wurden. Und noch heute ist der Urfahrmarkt im Frühjahr und Herbst ein Fixpunkt im Programm der Urfahraner wie der Linzer, auch wenn er mittlerweile zum Volksfest geworden ist und die Umsätze an Würsteln und Bier jene an Waren und Gütern zumindest erreichen, wenn nicht übertreffen.

Mit der Eröffnung der Pferdeeisenbahn nahmen der Markt Urfahr und der Urfahraner Markt (endlich) einen kräftigen wirtschaftlichen Aufschwung, aber zum Leidwesen der Urfahraner hielt die Konjunktur nicht allzu lange vor: Um 1848 gab es einen starken ökonomischen Einbruch, und die Linzer schlugen (nicht zum ersten Mal in der Geschichte) vor, Urfahr doch einzugemeinden. Die Urfahraner waren davon alles andere als begeistert und bauten – gleichsam als Beweis für ihren Selbständigkeitswillen – ein neues Rathaus.

Trotz aller Krisen und Rückschläge entwickelte sich die kleine Gemeinde am Nordufer im 19. Jahrhundert kräftig weiter: waren 1825 223 Gewerbetreibende in Urfahr gezählt worden, so waren es 1875 bereits 366, zur Jahrhundertwende schon 766 – Urfahr war ein kleines Wirtschaftszentrum geworden. So verwundert es nicht, daß in den siebziger Jahren des 19. Jahrhunderts bei den sehr lokalpatriotischen Urfahranern die Idee auftauchte, Urfahr zur Stadt erheben zu lassen. Als die Statthalterei 1881 auch keine Bedenken mehr anmeldete, wurde ein Ausschuß eingesetzt, der die Stadterhebung in die Tat umsetzen sollte. Da Kronprinz Rudolf recht beliebt war und man sich wohl auch Fürsprache von ihm erhoffte, tauchte sogar die Idee auf, die neue Stadt solle »Rudolfstadt« heißen – wenn dies auch nicht eintrat, so erinnert doch noch heute die Rudolfstraße (die Haupteinfallstraße aus Nordwesten) an diese Pläne.

Dieses Bild steht nicht *schief! Die Pöstlingbergbahn – hier übrigens ein Sommerwagen, der noch aus der Gründungszeit stammt – ist tatsächlich so steil.*

Urfahr blieb Urfahr, und mit kaiserlicher Entschließung wurde der Markt am 7. Mai 1882 zur Stadt erhoben.
Das Dasein als Stadt verschonte die Urfahraner nicht vor weiteren wirtschaftlichen Problemen. Man war abgeschnitten von den großen Verkehrswegen – die Bahn nach Budweis führte über Gaisbach-Wartberg, weit an Urfahr vorbei, die Donau-Dampfschiffahrt fand auf der Linzer Seite statt, kurzum, den Urfahranern war als Einzugsgebiet nur das obere Mühlviertel geblieben, und dort waren die Leute arm wie die Kirchenmäuse. So drohte auch im neuen Jahrhundert der Verlust der Selbständigkeit. 1908 regte der Statthalter im Landtag wieder einmal die Zusammenlegung der beiden Städte an, und wie nach 1849 erteilten die Urfahraner demonstrativ den nächsten Bauauftrag: 1911 begann Julius Schulte mit der Modernisierung des Rathauses und baute es zu einem kleinen Juwel des Jugendstils um. Aber selbst das modernste Rathaus konnte das Ende der Stadt Urfahr nicht mehr aufhalten: Anfang 1914 begannen ernsthafte Verhandlungen über einen Zusammenschluß. Der Erste Weltkrieg verhinderte zwar eine Weile die Fortführung der Gespräche, aber noch 1917 wurden sie wieder aufgenommen. Am 23. Juni 1919 trat der Vereinigungsvertrag in Kraft: Österreichs kurzlebigste Stadt hatte als selbständige Gemeinde zu bestehen aufgehört.

Den Tick mit den neuen Rathäusern haben die Urfahraner bis heute nicht abgelegt: Als Ende der siebziger Jahre die Stadtverwaltung des (vereinigten) Linz dringend neue Räumlichkeiten benötigte, wurde ein »Zentrales Verwaltungsgebäude« in Auftrag gegeben, und zwar auf der Urfahraner Seite, und wie sich's für echte Urfahraner gehört, gaben sie ihm schnell einen inoffiziellen Namen, der heute (*vox populi, vox dei*) zum offiziellen geworden ist: Neues Rathaus…

Der Rest ist Österreich –
Vom Untergang der Monarchie zum Februar 1934

»L'Autriche, c'est ce qui reste.«
[Clemenceau, 1918]

Über die letzten Jahre vor dem Ersten Weltkrieg und über den Krieg selbst gibt es wenig zu berichten, nichts, was nicht an anderen Orten Österreich-Ungarns auch geschehen wäre: Begeisterung, Ernüchterung, Entsetzen, Hunger, Streiks, Zusammenbruch.
So stand man plötzlich da am 12. November 1918: In Wien war nach einem »Revolutionerl« eine Republik ausgerufen worden, der letzte Kaiser hatte unter Übergabe der Regierungsgeschäfte an die Provisorische Staatsregierung (aber unter sorgsamster Vermeidung des Begriffs »Abdankung«) das bereits gesunkene Schiff verlassen, keiner wußte so richtig, wie es weitergehen sollte. Im Norden hatte sich ein neuer Staat gebildet, die Tschechoslowakische Republik, Budweis war Ausland geworden, und der Versuch, den Böhmerwaldgau mit den Bezirken Krummau, Kaplitz, Bergreichenstein und Neuern zu Oberösterreich zu schlagen, sollte im Zuge der Friedensverhandlungen rasch scheitern. Jeder der neu entstandenen Nachbarstaaten erhob Ansprüche an die »Konkursmasse« des Kaiserreiches, und als 1919 der Staatsvertrag in St. Germain unterzeichnet wurde, bewahrheitete sich, was der französische Politiker Clemenceau zum geflügelten Wort gemacht hatte: Was übrig blieb, war Österreich.
Man war jetzt in einem Kleinstaat, nicht mehr Teil eines riesigen Reiches, und so begann man auch in der Stadt Linz, geschüttelt von wirtschaftlicher Misere, wenigstens das Notwendigste für die Bewohner bereitzustellen und instandzusetzen.
Die Gaswerke wurden ausgebaut, der städtische Wirtschaftshof entstand auf vormaligem Kasernengelände, eine neue Volksküche tat not, der kommunale Wohnbau wurde forciert, ganze Stadtviertel entstanden neu, etwa das Franckviertel südlich des heutigen Design-Centers. Auch Franck's Feigen- und Zichorienkaffeefabrik prosperierte, denn die Zichorie hatte in den Notzeiten von Krieg und Nachkriegsjahren den Kaffee verdrängt, »wodurch aus einem reinen Genußmittel ein billiges und viel benütztes Volksnahrungsmittel entstanden ist«, wie ein Werbeartikel der Firma noch 1926 treffend beschreibt.
Bald aber konnte man sich nicht einmal mehr den Zichorienkaffee leisten: War die Krone vor dem Kriege (»Friedenskrone«) noch 102 Schweizer Rappen wert gewesen, so sank ihr Wert nun rapide und erreichte am Höhepunkt der Inflation 1922 den Stand von 0,0075 Rappen! 1919 wütete in ganz Österreich (und in den Städten natürlich noch viel spürbarer als auf dem Land) eine Hungersnot, nur dank Hilfslieferungen aus den Nachbarländern und den USA konnte die Versorgung der Bevölkerung einigermaßen sicherge-

Die Dreifaltigkeitssäule und der Turm des Alten Rathauses.

stellt werden. Die Situation war ohnehin verworren: Vorarlberg wollte sich der Schweiz anschließen, in Tirol und Salzburg gab es 1920 Volksabstimmungen, bei denen über 90% für den Anschluß an Deutschland stimmten, und der Artikel 2 des Gesetzes über die Staatsform lautete: »Deutschösterreich ist ein Bestandteil der Deutschen Republik.«

Im November 1918 war die Republik ausgerufen worden, im Februar 1919 fanden Wahlen zur Konstituierenden Nationalversammlung statt. In Linz und Graz kam es in diesem Zusammenhang zu ernsten Unruhen, Auslagen wurden zertrümmert und Geschäfte geplündert, militärisches Eingreifen der Volkswehr wurde nötig. Sechs Tote und zahlreiche Verletzte waren die Folge.

Trotz allem verliefen die revolutionären Zeiten (es gab einen Arbeiter- und einen Soldatenrat, aber Österreich wurde dennoch keine Räterepublik wie Ungarn und Bayern) vergleichsweise ruhig. Und als die wertlos gewordene Krone dem Schilling gewichen war, erholte sich langsam auch die wirtschaftliche Situation.

1923 überschritt Linz erstmals die Grenze zur »Großstadt«, es zählte damals 101.347 Einwohner. »Aber das Wesen der Kleinstadt haftet ihm noch immer an, so daß auch die große Bevölkerungszahl diesem Wesen einstweilen noch nicht viel Eintrag geben konnte«, wie selbst der Leiter des statistischen Amtes der Stadt Linz zugeben mußte.

Am 29. April 1924 wurde der Mariendom von Bischof Johannes Maria Gföllner feierlich geweiht – 62 Jahre nach der Grundsteinlegung war die größte und langwierigste Baustelle der Stadt endlich beseitigt. Der Name der neuen Bischofskirche allerdings setzte sich nicht durch: der neue Dom war und blieb bis heute der »Neue Dom«, und die Jesuitenkirche wurde im Volksmund endgültig zum »Alten Dom«. Nach der St.-Ignatius-Kirche sollte man in Linz besser nicht fragen, aber »Alter« und »Neuer« Dom sagt jedem was…

1926 schreibt der Linzer Bürgermeister Josef Dametz über diverse notwendige Bauvorhaben: »…Dazu fehlen in unserem Lande die Mittel, ist ja deshalb auch der längst fällige Neubau des Linzer Personenbahnhofes nicht möglich. …Sind wieder einmal alle Industriebetriebe auch in Linz voll beschäftigt, so daß die dermalen große Zahl von Arbeitslosen wieder Beschäftigung erhält, und tritt wieder einmal eine flotte Bautätigkeit ein, dann wird sich erst so recht die Bedeutung dieser Stadt zeigen.«

Goldene Worte, allein die Realität… Linz war seit der Gründerzeit zu einer richtigen Industriestadt herangewachsen. Die Lokomotivfabrik von Krauss & Co. war mit der Österreichischen Eisenbahn-Verkehrsanstalt verschmolzen worden, die Schiffswerft war selbständig, es bestanden eine große Scheren- und Messerfabrik, die bereits erwähnte Kaffeesurrogatfabrik Heinrich Franck, die Wichse- und Zündwarenfabrik »Solo«, die Fabrik elektrischer Apparate Sprecher & Schuh, die Poschacher-Brauerei, die Kerzenfabrik Estermann, eine Permanganatfabrik, zwei Brotfabriken, eine Schnapsfabrik, und in Kleinmünchen die größte Textilfabrik Österreichs. »Neben diesen großen Anlagen hat Linz noch eine Anzahl kleinerer Unternehmungen«, wird 1926 stolz berichtet. Der Ausbau der Wasserkraft mit dem Kraftwerk Partenstein sorgte für die Ansiedlung der Elektro-Bau-AG. Und nicht zu vergessen: das staatliche Monopol-Unternehmen, die Tabakfabrik auf der

»...Dazu fehlen in unserem Lande die Mittel...«. Dennoch wurden in den zwanziger Jahren kommunale Bauvorhaben verwirklicht, etwa die städtische Volksküche in der Lederergasse, die auch für den Architekturstil der Zeit typisch ist.

Donaulände. Ihr Gelände schloß sich östlich an die ehemalige Wollzeugfabrik an. 1930 erfuhr die Tabakfabrik eine wesentliche Erweiterung: Nach Plänen von Peter Behrens und Alexander Popp wurde auf einem Teil des Wollzeug-Geländes ein moderner Industriebau geschaffen, Vorbild für die damalige Zeit und eines der bedeutendsten Industriedenkmäler Österreichs.
Ihm gegenüber war Ende der zwanziger Jahre ein bedeutendes kommunales Bauwerk entstanden: das Parkbad, Ausdruck eines gestiegenen Bewußtseins für Körperkultur und Sport, wie es in dieser Zeit einer sozialdemokratischen Gemeinde wohl anstand. Sozialdemokratisch auch der Hintergrund zur Anlegung des Urnenhains in Urfahr: Mit der Verbrennung der Toten wollte man nicht nur ein hygienisches Problem großer Städte lösen, die damaligen »Freidenker« hatten wohl auch die Genugtuung, »den Pfaffen« ein Schnippchen zu schlagen...
Eine prosperierende Provinzstadt, trotz aller Probleme, könnte man meinen. Aber das große Drama des Untergangs der (Ersten) Republik Österreich hatte schon begonnen, und Linz sollte dabei eine bedeutende Rolle spielen.

»Es wird nicht mehr verhandelt...« – Vom Ständestaat zur Annexion

»Laßt das Wortegespiel.
's war kein Held, der da fiel,
's war ein Opfer verlorener Zeiten.«
[Josef Luitpold Stern]

Am 4. März 1933 unterlief im Wiener Parlament ein formaler Fehler: Um an der Abstimmung teilnehmen zu können, legten nacheinander die drei Nationalratspräsidenten ihr Amt nieder. Und so geschah es, daß kein Präsidium mehr vorhanden war, welches die Sitzung geschäftsordnungsgemäß zu Ende hätte leiten können. Das Parlament vertagte sich formlos, und als es am 15. März wieder zu einer Sitzung zusammentreten wollte, wurden die Abgeordneten von der Polizei am Betreten des Sitzungssaales gehindert – weil es sich nach Aussage der Regierung um eine »polizeilich nicht angemeldete Versammlung« handle, und so etwas sei verboten. Die Arbeiterschaft rief nach Generalstreik, der »Republikanische Schutzbund« stand Gewehr bei Fuß, bereit zum Eingreifen mit der Waffe, die Führung der Sozialdemokratie jedoch riet zur Besonnenheit und zu Verhandlungen.
Österreich aber war dank der geschickten Ausnützung eines kleinen Formfehlers des Parlaments durch die Regierung Opfer eines »kalten Putsches« geworden – und eine faschistische Diktatur.
Um die Geschichte der Stadt Linz rund um den 12. Februar 1934 zu verstehen, muß an dieser Stelle kurz die gesamtösterreichische Geschichte der zwanziger und dreißiger Jahre skizziert werden.
Schon in den zwanziger Jahren hatten sich neben dem Österreichischen Bundesheer (das aus der »Volkswehr« der ersten Nachkriegszeit hervorgegangen war) zwei »Privatarmeen« gebildet: die christlich-sozial orientierte »Heimwehr« und der sozialdemokratische »Republikanische Schutzbund«. Mit der Verschärfung der politischen Gegensätze zwischen den regierenden Christlich-Sozialen und den in der Opposition befindlichen Sozialdemokraten wurde auch die Spannung zwischen den beiden militärischen Gruppierungen größer, und mehr als einmal war es zu bewaffneten Auseinandersetzungen gekommen. Am 30. Jänner 1927 fanden im burgenländischen Schattendorf zwei Aufmärsche statt, die »Frontkämpfer«, eine Heimwehrorganisation, und der Schutzbund hatten den kleinen Ort für ihre Machtdemonstrationen gewählt. Nachdem es schon tagsüber zu Auseinandersetzungen gekommen war, schossen am Nachmittag Mitglieder des Frontkämpferverbandes in eine Gruppe Schutzbündler: Ein Kriegsinvalide und ein achtjähriger Bub starben.
Als im Juli 1927 die Täter vom Gericht freigesprochen wurden, brach der Volkszorn los, und der Justizpalast als Symbol der »Klassenjustiz« in Wien ging in Flammen auf. Die Polizei griff mit scharfer Munition ein – mindestens 86 Demonstranten, auch unbeteiligte Frauen und Kinder, fanden den Tod, über 1000 Verletzte wurden in die Spitäler eingeliefert.

Die Sozialdemokratische Partei wiegelte ab und erinnerte ihre Mitglieder an die Parteidisziplin. Man fügte sich, wie man sich auch in den nächsten Jahren noch oft fügen sollte. Zwar hatte die Sozialdemokratie auf ihrem Parteitag 1926 in Linz das sogenannte »Linzer Programm« beschlossen, in dem unter anderem festgelegt wurde, daß die Sozialdemokratie die Macht im Staate durch demokratische Mittel erringen und bewahren wolle. Und in seinem Parteitagsreferat hatte Otto Bauer, der führende Theoretiker der Sozialdemokratie, darauf hingewiesen, daß die Waffengewalt nicht der richtige Weg sei: »Wir wollen mit den Waffen des Geistes kämpfen [...] Bürgerkrieg bedeutet vollständige Desorganisation des wirtschaftlichen Lebens, bedeutet Hungersnot [...] Wir haben vor allem in der russischen Revolution erlebt, daß, wer immer zur Gewalt greift, der Gefangene der Gewalt wird. Seien wir dessen eingedenk: demokratisch, so lange wir können, Diktatur nur, wenn man uns dazu zwingt, und nicht weiter als unbedingt nötig.« Aber die Bereitschaft zum bewaffneten Kampf war vorhanden, und die bürgerliche Seite malte das Schreckgespenst der »Diktatur des Proletariats« an die Wand.

Die Diesterwegschule am Südbahnhofmarkt wurde zu einem Zentrum der Kämpfe am 12. Februar 1934.

Die Heimwehren waren im Aufwind, und 1930 erklärten sie in ihrem Programm, dem »Korneuburger Eid«, unter anderem: »Wir wollen nach der Macht im Staate greifen und zum Wohl des gesamten Volkes Staat und Wirtschaft neu ordnen... Wir verwerfen den westlichen demokratischen Parlamentarismus und den Parteienstaat...«

Am 30. September 1930 wurden erstmals Vertreter der Heimwehr in die Regierung aufgenommen – Ernst Rüdiger Starhemberg, der Bundesführer der Heimwehr, wurde Innenminister, und der Salzburger Heimwehrführer Hueber Justizminister. Der Druck gegen die Sozialdemokratie wuchs: Polizei und die zur Hilfspolizei ernannte Heimwehr veranstalteten Waffensuchen in den sozialdemokratischen Parteilokalen, in Volkshäusern und Arbeiterheimen. Zwar machte der langjährige Bundeskanzler, Prälat Ignaz Seipel, den Sozialdemokraten 1931 unter der Hand das Angebot einer gemeinsamen Regierung, aber in Erinnerung an die Vorfälle der letzten Jahre lehnten die Sozialdemokraten das Angebot ab: Sie wollten die Macht durch Wahlen erringen, und man traute dem »Prälat ohne Milde« nicht über den Weg.

Ein Putschversuch der Heimwehr scheiterte 1931 an seiner dilettantischen Vorbereitung, der Drahtzieher flüchtete nach Italien, kehrte bald zurück, wurde vor Gericht gestellt und – freigesprochen.

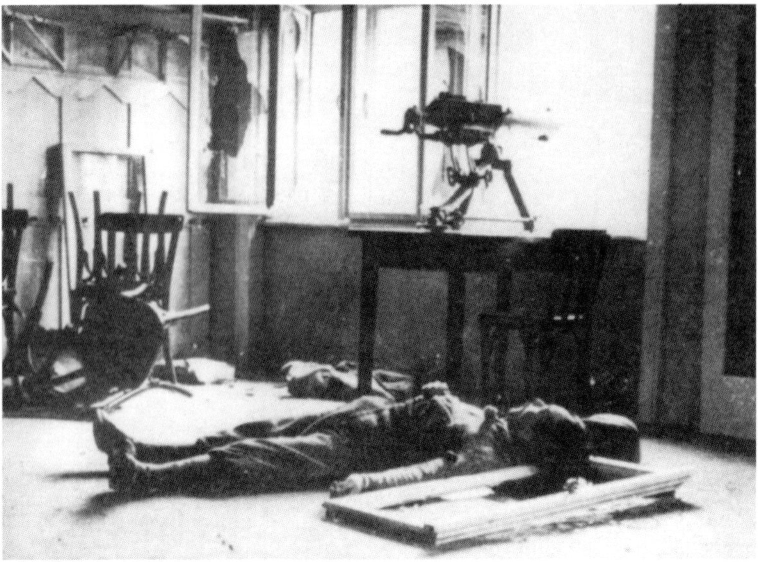

12. Februar 1934: Der erschossene Schutzbündler Rudolf Kunst in der Parteizentrale der Sozialdemokratischen Partei.

So kann es nicht verwundern, daß die sozialdemokratische »Basis« mutlos geworden war angesichts des Vordringens der Rechten (Verhandlungen zwischen der Heimwehr und den Nazis über eine gemeinsame Liste bei den Wahlen waren an den übertriebenen Forderungen der letzteren gescheitert), und als das Parlament am 15. März 1933 durch Gewalt am Zusammentreten gehindert wurde, schien der Augenblick gekommen, zur Waffe zu greifen, um die Demokratie zu retten. Aber die sozialdemokratische Führung scheute die Gewalt, man wollte nicht »Gefangener der Gewalt« werden. Und die Basis gab wieder einmal nach.
Im April 1933 wurde der Schutzbund behördlich aufgelöst, die Kommunistische Partei verboten, im November die Todesstrafe wieder eingeführt.
Als am 11. Februar 1934 der Heimwehrführer und Vizekanzler Fey in einer Ansprache an die versammelte Heimwehr nach einer Übung erklärte: »...ich kann noch mehr sagen, wenn auch nur mit kurzen Worten: Wir werden morgen an die Arbeit gehen, und wir werden ganze Arbeit leisten...«, da wurde diese Äußerung von der Linzer sozialdemokratischen Parteiführung als Kampfansage aufgefaßt und man beschloß, *diesmal* nicht zurückzuweichen: Falls es zu einer Waffensuche in der Parteizentrale kommen sollte, wolle man sich wehren.
Umgehend teilten die Linzer der Parteizentrale in Wien diesen Entschluß mit. Dort versuchte man, die Aktion zu verhindern. Mitten in der Nacht wurde telephonisch der Auftrag gegeben, man solle »...vorläufig noch nichts unternehmen.« Das Gespräch wurde von der Polizei abgehört, und der Sicherheitsdirektor für Oberösterreich gab daraufhin den provokativen Befehl, nicht –

wie eigentlich geplant – im Parkbad, sondern in der Parteizentrale, dem Hotel Schiff auf der Landstraße, mit der Waffensuche zu beginnen.
Um sieben Uhr begann die Polizeiaktion. Als die Parteiführung verhaftet und abgeführt wurde, eröffnete der MG-Schütze Rudolf Kunst das Feuer. Zwei Stunden gelang es der Polizei nicht wieder, den Hof des Hotels Schiff zu betreten, auch das angeforderte Militär kam nicht voran. Erst als Kunst (dessen Name durch einen Hörfehler bei der Nachrichtenübermittlung schon damals als »Kunz« bekannt wurde) durch Scharfschützen des Bundesheers vom Dach der Karmeliterkirche aus erschossen worden war, konnte das Hotel Schiff gestürmt werden.
Um 13 Uhr mußten sich die Schutzbündler der Übermacht ergeben. Mittlerweile war die Kunde vom Aufstand in ganz Linz bekannt geworden, überall wurden die Waffen aus den Verstecken geholt, die Kämpfe brachen los: Gekämpft wurde rund um den Wirtschaftshof, am Bulgariplatz, bei der Diesterwegschule am Südbahnhofmarkt. Dort verteidigten die Schutzbündler sich lange gegen die Übermacht, aber gegen 15 Uhr wurde Artillerie eingesetzt, und gegen 20 Uhr mußten die Schutzbündler auch von dort weichen.
Ein besonders tragischer Vorfall spielte sich bei der Eisenbahnbrücke ab: Dort lagen sich seit dem Vormittag Schutzbund auf der Urfahraner Seite und Bundesheer am Linzer Ufer gegenüber. Franz Buchinger, Aktivist der Sozialistischen Arbeiterjugend und erst wenige Tage zuvor zum Bundesheer eingezogen, wollte auf »seine« Seite hinüberrobben. Die Schutzbündler sahen einen Soldaten auf sich zukommen und schossen. Buchinger blieb tödlich getroffen liegen. Eine Gedenktafel an der Brücke erinnert an diesen Tod, der symbolisch ist für den *Brüder*krieg, der beileibe kein *Bürger*krieg war, sondern der verspätete Versuch, das Vordringen des Faschismus (auch des »hausgemachten«) zu verhindern.
Der bundesweite Generalstreik, auf den die ihrer Führung beraubten Schutzbündler alle Hoffnungen gesetzt hatten, blieb aus, und als auch der Sender auf dem Freinberg nicht besetzt werden konnte, war in Linz spätestens am Morgen des 13. Februar alles vorbei.
In Steyr wurde noch gekämpft, in den Kohlerevieren des Hausrucks, in der Steiermark, in Wien – aber die Schutzbündler hatten Hemmungen, auf das Militär zu schießen, der »Feind« war die Heimwehr, und mit dem Bundesheer, das zum Schluß mit schwerer Artillerie auf Arbeiterwohnbauten schoß, hatte niemand gerechnet.
Die Bilanz der Kämpfe ist traurig: In Linz gab es 13 Tote, österreichweit ist offiziell von 314 die Rede, aber das dürfte wesentlich zu niedrig gegriffen sein. Die Standgerichte arbeiteten schnell und gründlich: Neun Schutzbündler wurden zum Tode verurteilt und justifiziert, darunter der schwer verletzte Karl Münichreiter, der auf der Bahre zum Galgen geschleppt wurde, weil eine Verwundung keine die Hinrichtung ausschließende Krankheit sei… In Linz wurde der Arbeiter Anton Bulgari hingerichtet, weil er angeblich einen Offizier mit der Spitzhacke erschlagen hatte.
Der »Februar '34« hat das österreichische innenpolitische Klima noch bis in die fünfziger Jahre beeinflußt, und wann immer es zu einer Auseinandersetzung zwischen »Schwarz« und »Rot« kam, wurde das Gespenst jener Tage wieder heraufbeschworen. Aber eben *weil* diese schrecklichen Tage durchlit-

ten worden waren, eben *weil* sich zumindest ein Teil der Österreicher gegen die Ausbreitung des Faschismus zur Wehr gesetzt hatte, blieb Österreich nach dem Zweiten Weltkrieg ein schlimmeres Schicksal erspart. Man gedachte der Toten auf beiden Seiten und schwor sich, daß es nie wieder so weit kommen dürfe. Sie waren nicht umsonst, die »Opfer verlorener Zeiten«.
Unter dem Bundeskanzler Kurt Schuschnigg, der dem im Juni 1934 von Nazis ermordeten Engelbert Dollfuß gefolgt war, versuchte die Regierung, Österreich zum »zweiten deutschen Staat« neben dem bereits von Hitler regierten Deutschland zu machen. Der Druck von außen wurde dennoch immer größer, das nach der Ermordung Dollfuß' ausgesprochene Verbot der NSDAP mußte aufgehoben werden, Nazis wurden in die Regierung aufgenommen, das Innenministerium (und damit die Verfügungsgewalt über die Sicherheitsorgane) mußte dem NSDAP-Mitglied Arthur Seyß-Inquart übergeben werden. Am Abend des 11. März 1938, zwei Tage vor der von ihm angesetzten Volksabstimmung über die Unabhängigkeit Österreichs, wurde Schuschnigg gezwungen, zurückzutreten und seine Geschäfte einer von Seyß-Inquart geführten Nazi-Regierung zu übergeben. Er verabschiedete sich von den Österreichern mit den Worten: »Gott schütze Österreich«. Es klingt wie ein Treppenwitz, daß die Regierung Seyß-Inquart noch in der Nacht zum 12. März auf die Verfassung Österreichs vereidigt wurde – die deutschen Truppen waren schon unterwegs, und selbst als der von Hitler verlangte »Hilferuf« ausblieb, war Österreichs Besetzung nicht mehr aufzuhalten. In den Morgenstunden des 12. März überschritten deutsche Soldaten die Grenze, und schon um 16 Uhr folgte ihnen jener ehemalige Linzer Realschüler, der mit Linz noch Großes vorhatte…

»Heim ins Reich« – 1938–1945

»…Volk von Österreich! Wehre Dich! Leiste Widerstand den fremden Eindringlingen… Schließt Euch zusammen, Katholiken und Sozialisten, Arbeiter und Bauern! Schließt Euch zusammen, nun erst recht, zur Front aller Österreicher! […] Durch eigene Kraft und durch die Hilfe der Weltfront des Friedens wird ein freies, unabhängiges Österreich wiedererstehen.«
[Flugblatt der (illegalen) Kommunistischen Partei, 11./12. März 1938]

Zu spät. Vom Balkon des Linzer Rathauses verkündete der keine 48 Stunden zuvor auf die österreichische Verfassung vereidigte »Bundeskanzler« Seyß-Inquart am 13. März das »Bundesverfassungs[!]gesetz über die Wiedervereinigung Österreichs«, in dessen Artikel 1 es hieß: »Österreich ist ein Land des Deutschen Reiches.« Hitler war anwesend und hielt eine Rede vor den rund 40.000 Menschen auf dem Linzer Hauptplatz, in der er die »Rückkehr Österreichs ins Deutsche Reich«, die gleichzeitig durch ein entsprechendes deutsches Gesetz sozusagen »legalisiert« wurde, verkündete.

Hitler besichtigt die im Aufbau befindlichen »Reichswerke Hermann Göring«, um 1940.

In der Zwischenzeit wurden – unbemerkt von den jubelnden Massen – schon Tausende Oppositioneller verhaftet und in die Konzentrationslager in Deutschland, vor allem nach Dachau, verschleppt. Die Tragödie nahm ihren Lauf.
Linz, die »Gründungsstadt des Großdeutschen Reiches«, wird zur »Patenstadt des Führers«. Hitler hat große Pläne mit jener Stadt, in der er einen Teil seiner Jugend zugebracht hatte: Er schwärmt von der Lage Budapests an beiden Seiten der Donau und will Linz zu »einem deutschen Budapest« machen. Kaum ist der »Anschluß« vollzogen, beginnen die Planungen für das neue Linz. Als erstes ziehen die »Reichswerke Hermann Göring« ein, übernehmen jenes Gelände im Osten der Stadt, auf dem bisher die Ortschaften St. Peter und Zizlau liegen, schleifen, was an Gebäuden noch steht (darunter die Endstation der alten Pferdeeisenbahn), und errichten ein Stahl- und ein Stickstoffwerk.
Am 15. Juli wird das Konzentrationslager in der kleinen Ortschaft Mauthausen gegründet, knapp 30 Kilometer östlich von Linz. In den folgenden Jahren werden über 40 Außenlager errichtet, in denen die Lagerhäftlinge in der Schwer- und Rüstungsindustrie unter unmenschlichen Bedingungen Zwangsarbeit verrichten müssen. Drei dieser Lager stehen in Linz – rund 7000 Zwangsarbeiter aus ganz Europa arbeiten hier.
Schon vor Beginn des Zweiten Weltkriegs hatte Hitler davon geträumt, sich nach Erreichung seiner politischen Ziele von den Staatsgeschäften zurückzuziehen, und sein Alterssitz sollte Linz werden. Zur »Weltstadt« sollte es ausgebaut werden, mit einer Reihe repräsentativer Bauten beiderseits der Donau, mit einer neuen Hängebrücke über den Strom, mit einem »Gauhaus« mit Versammlungshalle und einem riesigen Glockenturm, in dessen Krypta Hitler begraben sein wollte. Ein Stadion sollte entstehen auf einem der Hügel um Linz, ein neues Rathaus, ein repräsentatives Hotel, ein großes Theater, eine große Gemäldegalerie und Hitlers Alterssitz… Vorerst wurde die bestehende Donaubrücke umgebaut und erhöht, da die aus dem 19. Jahr-

Hitler vor dem Modell seiner »Patenstadt«. Im Hintergrund ist der Alte Dom erkennbar.

hundert stammende Eisenbrücke zu niedrig geworden war für die moderne Schiffahrt. Kolossalstatuen aus der Nibelungensage sollten die noch heute so genannte »Nibelungenbrücke« zieren, sie sind den Linzern ebenso erspart geblieben wie die anderen gigantischen Bauprojekte – oder etwa nicht?

Linz hat sein großes Stadion auf der Gugl bekommen, ein großes Denkmal zu Ehren Bruckners in Form des Brucknerhauses, ein »repräsentatives« Hotel steht ebenso monumental neben der Donau wie das Neue Rathaus. Die Autobahnbrücke über die Donau ist tatsächlich eine riesige Hängebrücke geworden, und mit der Eröffnung des Design Centers hat die Stadt auch ihre große Versammlungshalle erhalten. Was diese Bauten aber – bei aller Ähnlichkeit der Ideen mit jenen Hitlers und Speers – von der geplanten NS-Architektur so grundlegend unterscheidet, ist, daß sie mit den Bedürfnissen der demokratischen Stadt Linz gewachsen sind, entstanden aus den Bedürfnissen einer selbstbewußten Kommune, wenn sie auch nicht immer ohne Widerstand der Bevölkerung durchgesetzt werden konnten. Selbst der Lieblingswunsch des verhinderten Kunstmalers Hitler nach einer Gemäldegalerie ist in Erfüllung gegangen. Noch 1941 hatte er persönlich aus eigens zusammengestellten Katalogen der Kunstsammlungen der besetzten Gebiete Werke für »seine« Linzer Galerie ausgesucht, und wenn diese Werke auch nach dem Krieg wieder an die Eigentümer zurückgingen (beziehungsweise zum überwiegenden Teil gar nicht erst bis nach Linz gekommen sind), so hat die Idee der Gemäldesammlung doch in Form der Neuen Galerie der Stadt Linz eine würdige, weil *ehrlich* erworbene Nachfolge gefunden. Und mag die Linzer Galerie im internationalen Vergleich auch klein sein, ihre Stücke sind von bemerkenswerter Qualität.

Eines von zahlreichen Projekten: Hitlers geplante Altersresidenz auf dem Freinberg im Modell – ein Stilgemisch aus Vierkanter und Renaissanceschloß, die Dächer verstecken sich, wie in Linz üblich, hinter Blendmauern.

Der Krieg traf Linz in gleichem Maße wie andere österreichische Städte, aber noch bis 1942/43 herrschte in vielen Gebieten der Stadt rege Bautätigkeit: Wohnungen für die zahlreichen Arbeiter der »Hermann-Göring-Werke« entstanden, am Bindermichl, am Spallerhof, in Urfahr. Ganze Stadtviertel wuchsen in kürzester Zeit aus dem Boden, auch der Hauptplatz erfuhr eine wesentliche Veränderung: Durch die Anhebung des Brückenniveaus gegenüber der Vorgängerbrücke mußte auch das Nordende des Platzes angehoben werden. Die alten Häuser, die den Platz zur Donau hin abschlossen, mußten weichen und wurden durch zwei Brückenkopfbauten ersetzt, die dem (angehobenen) Platz wieder sein geschlossenes Aussehen gaben.

Hauptplatz 1944: Ein großer Tiefbunker wird gebaut, er versteckt sich heute unter der erhöhten Fläche zwischen Dreifaltigkeitssäule und Klosterstraße. Im Hintergrund sind die beiden gerade fertiggestellten neuen Brückenkopfgebäude zu erkennen.

In den Konzentrationslagern in Deutschland und Österreich saßen derweil die Vertreter sowohl jener Sozialdemokratie, die im Februar 1934 so verzweifelt versucht hatte, die Republik vor dem Abgleiten in den Faschismus zu retten, als auch die wichtigsten Führer der Christlichsozialen, auch sie jetzt »Opfer verlorener Zeiten«. In diesen Jahren gemeinsamen Leidens entstand eine Gesprächsbasis, entstand ein Österreichbewußtsein, und als am 8. Mai 1945 das für tausend Jahre angetretene Großdeutsche Reich vorüber war, da krempelten die Überlebenden beider Parteien die Ärmel hoch und gingen gemeinsam daran, einen neuen Staat aufzubauen.

Die geteilte Stadt – Vom Kriegsende zum Staatsvertrag

»Bis März 1938 lag Linz in Oberösterreich, dann lag es im Gau Oberdonau, und jetzt liegt es in der amerikanischen Zone. Viel kommen die Städte herum neuerdings.«
[Alfred Polgar]

Am 25. Juli 1944 war Linz zum ersten Mal bombardiert worden, und 22 Großangriffe sowie zahlreiche kleinere mußte die Stadt bis Kriegsende überstehen. Am 25. April 1945 fielen den Bombenangriffen 254 Österreicher

27. April 1945: Letzter Bombenangriff auf Linz. Zwischen den Rauchsäulen erkennt man im Hintergrund die Hochöfen.

Rechts: Ein Anblick, an den sich die Linzer bald gewöhnt hatten – amerikanische Beschilderung am Taubenmarkt, 1946.

Juli 1946: Amerikanische Ausweiskontrolle auf der Nibelungenbrücke

und Deutsche sowie 106 Ausländer zum Opfer – letztere überwiegend auf dem Gelände der »Hermann-Göring-Werke«, wo sie als Zwangsarbeiter eingesetzt waren. Insgesamt wurden bei den Luftangriffen 1679 Menschen getötet, trotz allem eine geringe Zahl, bedenkt man die Opfer anderswo. Und obwohl rund 3000 Wohnungen völlig zerstört wurden, über 5000 weitere teilweise unbewohnbar und andere 3125 schwer beschädigt wurden, war die Linzer Altstadt doch weitgehend verschont geblieben.
Die Festlegung der Demarkationslinie zwischen den vier Besatzungsmächten im Juli 1945 brachte für die Linzer eine herbe Überraschung: Ihre Stadt wurde geteilt. Linz südlich der Donau lag in der amerikanischen Zone, Urfahr, nördlich der Donau, war Teil der sowjetischen Zone. Wieder einmal war die Stadt zu einer Grenzstadt geworden, diesmal aber lief die (Donau-)Grenze mitten durchs Stadtgebiet. Wer von Urfahr nach Linz wollte, mußte nach der russischen Ausweiskontrolle die amerikanische passieren und wurde dort kräftig mit DDT eingestaubt, umgekehrt gab es zwar keine Desinfektion, aber ein ungutes Gefühl hatte man doch beim Anblick der sowjetischen Grenzposten.
In einer Wohnung in Urfahr wohnten in den ersten Nachkriegsjahren die Frau und die Kinder des wohl meistgesuchten Kriegsverbrechers: Adolf Eichmann. Der in Solingen geborene Eichmann selbst war mit Linz ebenso verbunden wie Hitler es gewesen war, hatte doch auch er einen Teil seiner Jugend in Linz verbracht, wohin sein Vater in den zwanziger Jahren nach dem Tod seiner ersten Frau gezogen war. Die Eichmanns hatten in einem Haus auf der Landstraße gewohnt, und nachdem Eichmann, Mitglied der illegalen österreichischen NSDAP und der SS, Mitte der dreißiger Jahre »ins Reich« übersiedelt war, war er nach 1938 wieder nach Linz zurückgekehrt, wo seine Familie das Kriegsende ungefährdet überlebte.

Jetzt war Eichmann flüchtig, und der israelische Geheimdienst Mossad war fieberhaft auf der Suche nach dem »Architekten« des Massenmordes. Ein Kontakt zur Familie des Gesuchten entstand, aber erst das Aufspüren von Eichmanns Geliebter führte zum Erfolg: Erstmals gelangten die Häscher in den Besitz eines Photos Eichmanns. 1950 – Eichmann war bereits in Argentinien – übersiedelte die Familie nach Südamerika. Eichmann arbeitete als Vermessungsingenieur im Norden Argentiniens, und dort wurde er auch vom Mossad aufgespürt, ein Jahrzehnt später entführt und in Israel vor Gericht gestellt. Die Ausbildung für seine Ingenieurstätigkeit hatte er lange vorher in Linz erhalten...

Hauptinhalt der ersten Nachkriegszeit ist – wie anderswo auch – der Wiederaufbau. Die zerstörten Wohnungen werden anfangs notdürftig instandgesetzt, später werden die Baulücken geschlossen, neue Wohnbauten entstehen, ganze Siedlungen wachsen aus dem Boden. Aber neben den Wohnungen wird an der Kultur gearbeitet: Das Landestheater nimmt seinen Betrieb wieder auf – eine der ersten Premieren ist die österreichische Erstaufführung von Ernst Kreneks Oper »Das Leben des Orest« im Dezember 1947.

Am 27. Mai 1950 eröffnet der »Konsum« Österreichs ersten Selbstbedienungsladen auf der Wiener Straße. Bis in die achtziger Jahre bewahrt das Geschäft den spröden Resopal-Charme der Gründungsjahre, bis es schließlich der Übernahme durch einen Diskonter zum Opfer fällt.

Am 7. März 1952 läuft das tausendste von der Linzer Werft gebaute Schiff vom Stapel.

Im April 1952 wird die in St. Florian gegossene neue »Pummerin«, eine zwanzig Tonnen schwere Glocke für den Wiener Stephansdom, feierlich vor dem Linzer Landhaus übergeben und geweiht und in einem wahren Triumphzug nach Wien gebracht. Ein in das Pflaster vor dem Südportal des Landhauses eingelassener Ring erinnert heute noch an das Ereignis.

In den fünfziger Jahren wird auch der Grundstein für weitere zwei Jahrzehnte wirtschaftlicher Prosperität gelegt: Die »Reichswerke Hermann Göring« waren unmittelbar nach dem Krieg verstaatlicht worden, und nach Beseitigung der Zerstörungen wird in den nunmehrigen »Vereinigten Österreichischen Eisen- und Stahlwerken« – kurz VÖEST genannt – auf Hochtouren gearbeitet. Hochofen um Hochofen geht wieder in Betrieb, ebenso eine neue Brammenstraße, und daneben beschäftigt man sich auch mit der Forschung für die Zukunft. In Zusammenarbeit mit dem Werk Donawitz entwickeln die Linzer Stahlkocher das LD-(Linz-Donawitz)-Verfahren zur Herstellung von Qualitätsstahl, und ein rasanter Aufstieg der VÖEST ist die Folge: Am 5. Jänner 1953 wird das erste Stahlwerk nach dem neuen Verfahren in Betrieb genommen. Das Patent findet auf der ganzen Welt Interesse, und die VÖEST wird vom Stahlerzeuger des österreichischen Wiederaufbaus zum weltweiten Exporteur von Technologie.

Am 8.7.1954 wird die Stadt von einer furchtbaren Hochwasser-Katastrophe heimgesucht. Es ist beileibe nicht die erste, wohl aber die schwerste, die in der Chronik der Stadt verzeichnet ist. Die Donaulände ist überschwemmt, bei den Häusern Alt-Urfahrs kann man überhaupt nur noch mit dem Boot im ersten Stock zufahren, und selbst am Pfarrplatz steht das Wasser noch über einen Meter hoch... Zahlreiche Wasserstandsmarken an den Häusern erinnern noch heute daran, wie sehr die Donau der Stadt damals entgegenkam. Alles in allem fällt die Bilanz des Jahrhunderthochwassers nicht gar so schlimm aus – die Nibelungenbrücke hat den Fluten ebenso widerstanden wie die Eisenbahnbrücke, Menschenleben sind auch keine zu beklagen, also werden wieder die Ärmel hochgekrempelt – und die Hosenbeine – und die Aufwischtücher zur Hand genommen…

Mit der Aufhebung der Demarkationslinie im Jahre 1953 verschwindet die Grenze mitten durch die Stadt, die Nibelungenbrücke trennt nicht mehr zwei Teile, sondern verbindet sie, und mit dem Staatsvertrag von 1955 kehrt Linz von seiner Lage am Rande der amerikanischen Zone wieder zurück in die Mitte eines freien Österreich.

Stahlstadt Linz – 1955–1975

»Linz, rekordsüchtig in jeder Hinsicht, hat unter anderem auch die gewaltigste Wohnungsnot weit und breit, tröstet sich aber im Bewußtsein, dafür als österreichisches Ruhrgebiet angesprochen zu werden, was unter anderem in bezug auf die industriell verseuchte Luft durchaus zutrifft.«
[Hans Weigel]

Die Österreichischen Stickstoffwerke, die Schiffswerft und die VÖEST bleiben der Motor des wirtschaftlichen Aufschwungs. Besonders letztere wird zu einem Synonym für Linz. Und sie produziert und exportiert alles: vom Roheisen bis hin zum fertigen Stahlwerk. Von den Philippinen bis Nigeria, von der Sowjetunion bis Eisenhüttenstadt in der (damaligen) DDR – auf der ganzen Welt bauen die Linzer neue Stahlwerke. Dementsprechend viel Geld kommt herein, dementsprechend wächst der Bedarf nach Arbeitskräften und der Zuzug nach Linz – neue Stadtviertel entstehen, und die Bevölkerungszahl nähert sich der 200.000-Marke.

Auch die Zahl der Pendler steigt: 1955 kommen täglich rund 25.000 Menschen zur Arbeit in die Stadt, 1959 sind es bereits über 30.000, 1961 etwa 38.000, und bis 1971 steigt die Zahl auf rund 53.000. Allein die VÖEST beschäftigt Anfang der siebziger Jahre rund 26.000 Menschen im Werk Linz. Die Stadtverwaltung tut ihr Bestes, um dem Bedarf nachzukommen – auch und gerade im Bildungssektor: von 1945 bis 1974 entstehen 14 Haupt-, 36 Volks- und zwei Sonderschulen mit insgesamt 450 Klassen. Zwei pädagogische Akademien sorgen für den nötigen Nachwuchs an Lehrern, die Kunstschule der Stadt Linz wird 1972 zur »Hochschule für künstlerische und industrielle Gestaltung«, und dieser etwas unhandliche Name ist gleichzeitig Programm: Nicht *l'art pour l'art,* sondern Zusammenarbeit mit der einheimischen Industrie ist die Devise. So entstehen eine moderne Straßenwalze – ergonomisch und ästhetisch ansprechend – in Zusammenarbeit mit der VÖEST, zwei Löschfahrzeuge von fast futuristischem Design in Kooperation mit der

Feuerwehrausrüsterfirma Rosenbauer (die ebenfalls in die ganze Welt exportiert) und zahlreiche andere Projekte.
Im Wintersemester 1966/67 nimmt die Hochschule für Sozial- und Wirtschaftswissenschaften ihren Vorlesungsbetrieb auf – zu Ehren ihres großen Vorläufers wird sie 1975 in Johannes-Kepler-Universität umbenannt.
1974 wird das Brucknerhaus an der Donaulände eröffnet. Es beginnt der langsame Wandel von der Stahlstadt zur Kulturstadt und eine neue Epoche der Linzer Geschichte.

Die »sauberste Industriestadt« im Wandel – Linz in den achtziger und neunziger Jahren

»Linz muß die sauberste Industriestadt Österreichs werden!«
[Wahlplakat der achtziger Jahre]

Bis Ende der siebziger Jahre war Linz – nicht ganz zu Unrecht – immer mit seiner Schwerindustrie identifiziert worden, und selbst als die Stahlkonjunktur nachzulassen begann, konnte sich niemand vorstellen, daß einmal auch nur *ein* »VÖESTler« auf die Straße gesetzt werden müßte. Umso schwerer traf die Stahlkrise Anfang der achtziger Jahre die Stadt. Nur enorme Zuschüsse des Eigentümers (nämlich des Staates, also riesige Mengen Steuergelder) verhinderten den totalen Zusammenbruch der verstaatlichten Stahlindustrie, und nur durch eine Sonderregelung im Pensionsrecht, die den über 55jährigen das Ausscheiden aus dem Unternehmen und das »sanfte Hinübergleiten« in die vorzeitige Pension ermöglichte und schmackhaft machte, konnte der wirtschaftliche Ruin der Stahlindustrie und damit der Stadt und ihres Umlandes abgewendet werden. Das Problem lag weniger am »Standort Linz« als an der Struktur des Gesamtkonzerns, aber es gab tatsächlich Erwägungen, das Linzer Stahlwerk komplett zu schließen.
In den späten siebziger und frühen achtziger Jahren veränderte sich auch die Einstellung der Bevölkerung zu verschiedenen Produktionszweigen: Bei einer Volksabstimmung hatten die Österreicher lange vor Tschernobyl der Atomenergie ein knappes, aber entschiedenes »Nein« entgegengesetzt, gerade zu einer Zeit, als der VÖEST-Alpine-Konzern in den Bau von Kernkraftwerken eingestiegen war. Als die Friedensbewegung erstmals eine wirklich breite Basis errungen hatte, engagierten sich die Steyr-Werke zur Sanierung ihrer schlechten Bilanzen im gewinnträchtigen Panzergeschäft – ein riskantes Unternehmen in einem Land, dessen Bevölkerung auf die 1955 erklärte Neutralität besonders stolz und daher auch besonders wachsam war. Die Panzerwannen entstanden übrigens teilweise in Linz, die VÖEST-Alpine-Tochter Noricum produzierte Haubitzen für den Export und wurde in dubiose Waffengeschäfte verwickelt, später kam auch die Handelsgesellschaft des Konzerns wegen Ölspekulationen ins Gerede und in Milliardenverluste… Alles in allem keine gute Ausgangslage für Linz, zumal auch die

Stahlstadt Linz: Nicht nur auf dieser Aufnahme aus den späten sechziger Jahren, auch im Bewußtsein der Österreicher wurde die Stadt Linz lange Zeit von ihrer Industrie in den Hintergrund gedrängt. So klar wie auf diesem Photo war der Himmel über der VÖEST allerdings nur selten.

Chemieindustrie längst nicht mehr so florierte wie in den fünfziger und sechziger Jahren.

Eine kluge Ansiedlungspolitik holte Dienstleistungsunternehmen ebenso wie High-Tech-Firmen nach Linz, eine tiefgreifende Umstrukturierung in der Stahlindustrie half mit, das Schlimmste zu vermeiden, und die hochveredelten Produkte der Stahl Linz GmbH brachten die Stahlholding 1989 wieder zurück in die Gewinnzone. Dennoch, von 25.749 Arbeitsplätzen in der Eisen- und Stahlindustrie im Jahre 1985 sind gerade noch 14.019 im Jahre 1994 übriggeblieben. Daß heute in rund 8500 Unternehmen in Handel, Gewerbe und Industrie über 178.000 Arbeitsplätze vorhanden sind, um 6500 mehr als 1985, ist vor allem dem Wachstum in den Dienstleistungsbereichen (rund 15.000 neue Arbeitsplätze seit 1985) und teilweise im Handel, in der Maschinen- und Elektroindustrie und im Baugewerbe zu verdanken. Bemerkenswert auch die Arbeitsmarktentwicklung für Frauen: Bei den Arbeitern und Angestellten erhöhte sich der Anteil der weiblichen Beschäftigten um 13% auf rund 45%, während der Männeranteil um 3,5% zurückging.

War in den sechziger Jahren Linz das »Österreichische Ruhrgebiet«, zumindest was die Luftverschmutzung betraf, so wurde ab Ende der siebziger Jahre ein radikales Programm zur Verbesserung der Luftqualität durchgeführt: Fernwärme löste den »Hausbrand« ab. Fast 60.000 Wohnungen sind bereits angeschlossen, weitere 20.000 werden folgen. Und ein Teil der Fernwärme wird aus der Abwärme jenes Stahlwerks gewonnen, das seinen Schadstoffausstoß in zehn Jahren auf rund ein Zehntel reduziert hat. So lächerlich der ehemalige Wahlslogan heute klingen mag, eine vernünftige Umweltpolitik und der gute Wille aller Beteiligten haben ihn verwirklicht – Linz ist heute zwar nicht gerade ein Luftkurort, aber immerhin auch aus Umweltsicht eine durchaus (er-)lebenswerte Stadt. Schließlich ist Linz auch eine grüne Stadt – weit über die Hälfte des Stadtgebietes sind Grünanlagen, und jährlich werden rund 2000 neue Bäume, gut 55.000 Sträucher und Stauden und an die 1000 Rosenstöcke gepflanzt.

Der wirtschaftliche Zusammenbruch des Ostblocks zog für Linz als Hafen- und Werftstadt schmerzhafte Folgen nach sich: Als mit der Sowjetunion der größte Kunde zahlungsunfähig wurde, ging es mit der Schiffswerft rapide bergab. Zwar besteht die Werft Linz der Schiffswerften AG noch heute, aber der Schiffsbau mußte 150 Jahre nach seinem Beginn – wie es derzeit aussieht, endgültig – eingestellt werden.

Der Aufschwung der Donauschiffahrt, den man durch die Eröffnung des Rhein-Main-Donau-Kanals erwartet hatte, wurde durch die Kriegssituation im ehemaligen Jugoslawien und die damit verbundene fast völlige Sperre des Unterlaufs der Donau verhindert, und diese Situation wird, so steht zu befürchten, noch eine Weile bestehen bleiben.

Anders entwickelt sich die Situation im Norden: Als die Grenzen der Tschechoslowakei geöffnet wurden, passierte erst einmal nichts. Am zweiten Tag der Reisefreiheit, dem 5.12.1989, kamen die ersten tschechischen Besucher gerade bis Freistadt, am dritten Tag hingegen überrollte eine richtige Besucherlawine aus Böhmen die Stadt Linz. Mittlerweile sind die Nachbarn aus dem Norden ein alltägliches Bild in der Stadt geworden, und genauso selbstverständlich sind die Besuche der Linzer in Tschechien. Stifters Heimat, der Böhmerwald, der vierzig Jahre lang als Sperrgebiet völlig unerreichbar war, ist nur eine halbe Autostunde entfernt, Krumau und Budweis sind Ziele für Halbtagesausflüge, und manch ein Unternehmen in Südböhmen entsteht als *Joint Venture* mit Linzer und oberösterreichischen Partnern. Die Kunden aus Tschechien wiederum bringen dem Linzer Handel Umsatzzuwächse. Fast könnte man sagen, es beginne wieder zusammenzuwachsen, was lange zusammengehört hat…

Mit dem 1. Jänner 1994 wurde Österreich Mitglied des Europäischen Wirtschaftsraumes EWR, und am 12. Juni 1994 entschieden sich in einer Volksabstimmung zwei Drittel der Österreicher für den Beitritt zur Europäischen Union. Die Politiker aller Couleurs waren vom Ergebnis überrascht, auch in Linz, wo drei von vier Linzern für den Beitritt stimmten.

Die Lage der Stadt – in der Mitte der Strecken Frankfurt–Budapest und Venedig–Prag – hat sich nicht verändert. Aber die neuen politischen Voraussetzungen lassen auch für den Tourismus einiges erhoffen, der sich ohnehin seit den siebziger Jahren rapide entwickelt hat: Fast eine halbe Million Nächtigungen und ein Fremdenverkehrsumsatz von über einer Milliarde Schilling pro Jahr sind ein bedeutender Wirtschaftsfaktor geworden, ohne daß die Stadt sich völlig dem Tourismus angepaßt und ausgeliefert hätte. Das Dornröschen Linz ist wachgeküßt worden, und dazu beigetragen haben nicht nur das Stadtjubiläum von 1990, als Linz den 500. Jahrestag seiner Ernennung zur Landeshauptstadt ob der Enns feierte, nicht nur die mustergültige Renovierung historischer Bausubstanz und die selbstauferlegten Beschränkungen bei der Gestaltung von Neubauten – ein ganz wesentlicher Faktor dabei ist auch der Wandel der Industriestadt zur Kulturstadt. Aber das ist nicht einfach nur ein neuer Abschnitt der Linzer Geschichte, das ist ein eigenes Kapitel.

Nächste Doppelseite: Die Linzer Klangwolke im Donaupark begeistert alljährlich Menschen aus nah und fern.

Noch Mitte der fünfziger Jahre dienten die Schiffe der Donau-Dampfschiffahrtsgesellschaft als »richtige« Verkehrsmittel, heute ist die Donauschiffahrt überwiegend eine touristische Attraktion.

Musen und Museen – Kulturstadt Linz

»Ein aktiver, kulturbewußter Bürgermeister, ein überdurchschnittlich gebildeter Magistratsdirektor (so wenig ist nötig, um die Musen zu fördern!) schufen hier eine vorbildliche hohe Schule der Künste, eine erstaunliche Gemäldegalerie, eine beispielgebende hohe Schule der Musik. Da die Stadtveraltung rot, die Landesregierung aber schwarz ist, provozierte dieser Ehrgeiz (so wenig ist nötig, um die Musen zu fördern!) einen höchst erfreulichen Wettstreit zwischen Stadt und Land. Also hat Linz unter anderem auch ein überaus ambitioniertes Landestheater…«
[Hans Weigel]

So wenig ist nötig, um die Musen zu fördern. In ihrer Geschichte waren die Linzer nicht gerade Lieblinge der Musen, und die Musensöhne waren auch nicht immer die Lieblinge der Linzer. Anton Bruckner wirkte hier als Organist, aber sein großes Talent als Komponist brach sich erst in Wien Bahn. Der Schulrat Adalbert Stifter lebte hochgeehrt, aber ziemlich vereinsamt in der Stadt, in der er sich nicht verstanden fühlte, Mozart, Beethoven, Schubert waren nur vorübergehende Gäste, Richard Dénemy wurde hier nur geboren – zum großen Richard Tauber wurde er anderswo, Rilke ging hier bloß einige Jahre in die Schule, und selbst der einzige »echte« Linzer, Hermann Bahr, verließ schleunigst die Enge jener »Provinz«, die gerade im Kulturbereich den einzigen Reim auf »Linz« zu ergeben schien…

Zwar hatte Linz 1803 sein Theater bekommen, Kaiser Franz Joseph war persönlich bei der Eröffnung des Landesmuseums Francisco-Carolinum am 29. Mai 1895 anwesend, und die Gemäldegalerie des Landes Oberösterreich geht auf eine Anregung und den unermüdlichen Einsatz des Schulrats Stifter zurück. Aber Nährboden für Eigenes, Substrat für künstlerische Entwicklungen, Stadt mit kultureller Identität – das war Linz bis 1945 nie.

Die Museumslandschaft in Linz wird entscheidend durch das **Landesmuseum** geprägt. Mit seinen beiden Häusern, dem **Francisco-Carolinum** in der Museumsstraße und dem **Schloßmuseum**, sowie dem **Biozentrum** als Dependance in der Nähe der Universität, deckt es einen weiten Bereich ab. Das Schloßmuseum beherbergt eine umfangreiche und höchst sehenswerte Ausstellung zur oberösterreichischen Volkskultur und Geschichte – darunter die Schloßapotheke aus dem Renaissanceschloß Weinberg –, eine Sammlung zur Pferdeeisenbahn und einen Teil der Sammlung der oberösterreichischen Landesgalerie. Diese geht – wie so vieles in Linz – auf eine Anregung Adalbert Stifters zurück. Im »Obderennsischen Kunstverein« hatte Stifter vorgeschlagen, eine Sammlung alter und neuer Malerei aus den Überschüssen des Kunstvereins anzukaufen, und er selbst hat auch die ersten Ankäufe getätigt. Die neueren Werke der Landesgalerie sind im Francisco-Carolinum ausgestellt, einem pompösen gründerzeitlichen Bau westlich des Stadtzentrums, der auch die Sammlung zur Ur- und Frühgeschichte enthält.

So wichtig und teilweise einzigartig die Exponate des Landesmuseums und der Landesgalerie waren und sind, für ein eigenes kulturelles Profil der Stadt Linz konnten sie weder allein noch im Zusammenwirken mit dem Theater sorgen.
In der Nachkriegszeit änderte sich das Bild schlagartig: Das **Landestheater** begann, experimentelle Stücke ins Repertoire zu nehmen, und so wartete man in Linz auf Godot – lange bevor das Stück in Wien über die Bühne ging. Die Experimentierfreude fand außerhalb Linz' Beachtung und Anerkennung, in Linz selbst war man ein wenig überfordert. »Wir sind hier nicht in Paris!« soll die lokale Kritik aus Anlaß des erwähnten Wartens auf Godot ausgerufen haben, und diese unbestreitbare Tatsache sorgte für einen Kompromiß: Das Landestheater wird heute als Dreispartenhaus geführt und sein Programm umfaßt anspruchslose Komödien und Operetten ebenso wie die Klassiker des Theaters und der Opernbühne, aber sowohl im **Großen Haus** als auch in den **Kammerspielen** und im **Theaterkeller** finden immer wieder überzeugende Aufführungen moderner oder selten gespielter Werke statt, und trotz der bei allen Theatern üblichen Budgetknappheit bemüht man sich in Linz darum, in jeder Spielzeit zumindest *eine* Österreichpremiere oder *ein* spezielles Gustostückerl zu bringen. Die Bandbreite dieser Ereignisse reicht von Werken moderner Autoren aus dem In- und Ausland über aktuelle Musicals bis hin zu Marathonklassikern wie Goethes Faust, Erster und Zweiter Teil an einem Tag (eine Herausforderung nicht nur für das Publikum...).
Mit der Eröffnung des **Brucknerhauses** am 23. März 1974 erhielt Linz ein modernes und überzeugendes Konzerthaus. Die bedeutendsten Orchester der Welt konzertieren hier unter den größten Dirigenten, renommierte Sängerinnen und Sänger sind ebenso zu Gast wie weltberühmte Solisten. Ein Höhepunkt der musikalischen Ereignisse ist das jährliche **Internationale Brucknerfest** im Herbst, das keineswegs nur den Werken Bruckners gewidmet ist, aber dort sicherlich einen Schwerpunkt setzt. Der Neuen Musik ist ebenso eine regelmäßige Reihe gewidmet wie den großen Orchestern und den berühmten Solisten. Das Brucknerhaus ist auch immer wieder für großartige Aufführungen von Opern gut, die in diesem reinen Konzerthaus allerdings entweder konzertant oder in spektakulären modernen Inszenierungen quer durch den großen Brucknersaal stattfinden.
Das »Hausorchester« der Linzer ist zweifellos das **Brucknerorchester** Linz, das aus dem Orchester des Landestheaters hervorgegangen ist und seine Tradition ebenfalls bis 1803 zurückverfolgen kann. Bei Otto Kitzler, dem Konzertmeister des Theaterorchesters, hat der Domorganist Anton Bruckner die Werke Wagners und die moderne Instrumentierung kennengelernt, dieses Orchester hat seine Erste Symphonie uraufgeführt – es ist nur logisch, daß in den dreißiger Jahren erstmals die Bezeichnung Brucknerorchester auftauchte, die heute zum Markennamen geworden ist.
Mitte der siebziger Jahre wurde das **Landeskulturzentrum Ursulinenhof** im ehemaligen Kloster der Ursulinen an der Landstraße eröffnet. Neben Veranstaltungsräumlichkeiten bietet es den verschiedensten Künstlervereinigungen von der Volkskunst bis zur Malerei der Gegenwart eine Heimstätte. Im Ursulinenhof ist auch der Theaterkeller des Landestheaters untergebracht.

Als Ende der siebziger Jahre der Ruf nach einem »Rock-Haus« immer stärker wurde, adaptierte die Stadt den alten **Posthof** im Hafen und baute ihn zu einer Kleinkunst- und Musikbühne aus. Der Erfolg war enorm, und schon 1990 konnte der **Posthof II** eröffnet werden, ein mittelgroßes Theater mit 600 Sitzplätzen als Anbau an die Bausubstanz des 18. Jahrhunderts. Der Posthof ist *das* Zentrum für »junge« Musik, für Modern Dance (Tanztage Linz) und experimentelles Theater, vor allem aber für Kabarett und Kleinkunst.
Das Dreispartenhaus des Landestheaters und das Brucknerhaus als Konzerthaus reichen den Linzern schon seit einigen Jahren nicht mehr – wie vor fünfzehn Jahren das »Rock-Haus« gefordert wurde, das in Form des Posthofes tatsächlich entstanden ist, so erklingt seit etlichen Jahren der Ruf nach einem Opernhaus. Land und Stadt verhandeln auch schon länger über einen möglichen Standort, doch gegenwärtig scheitert die Realisierung nicht nur an den Kosten der Errichtung, sondern auch an den Aufwendungen für den laufenden Betrieb. Aber wer die Linzer kennt, weiß, daß früher oder später auch das Opernhaus realisiert werden wird – Grundsatzbeschlüsse sind ja schon gefaßt, und in den letzten zwanzig Jahren ist manch ein umstrittenes Kulturprojekt Wirklichkeit (und Liebling der Linzer) geworden…
Im Sommer ist das Herz der Stadt Schauplatz musikalischer Ereignisse: **Klangplatz Hauptplatz** heißt die vom Kulturamt veranstaltete Freitags-Reihe, die alljährlich Skurriles mit Traditionellem, Avantgardistisches mit Bodenständigem mischt.
Der Kleinkunst, genauer gesagt der Straßenkunst – Gauklern, Jongleuren, Straßenmusikanten, Pantomimen und dergleichen –, ist auch das sommerliche **Pflasterspektakel** gewidmet, das zu einem Fixpunkt im kulturellen Kalender der Stadt geworden ist. Auf allen Straßen und Plätzen der Innenstadt wird gesungen, gespielt, getanzt, gezaubert, jongliert, und selten erlebt man ein Publikum so locker und entspannt wie die Linzer an diesem Juliwochenende. Die Künstler erhalten als Gage, was das Publikum in den jeweiligen Hut wirft, und da lassen sich die Linzer offenbar nicht lumpen, denn manch einer der Darbietenden kommt jedes Jahr wieder…
Überhaupt hat der Slogan »Kultur für alle« eine große Bedeutung erlangt: Kulturelle Veranstaltungen zum Nulltarif bietet auch das **Linz-Fest**, das aus den Feiern zum Stadtjubiläum 1990 hervorgegangen ist und ein breites Spektrum zwischen volkstümlicher Musik und Hardrock mit weltberühmten Gruppen offeriert.
Aber der Höhepunkt der »Kulturveranstaltungen für jedermann« ist die jährliche **Linzer Klangwolke** im September. Das erste Konzert des Brucknerfestes wird über gigantische Lautsprecheranlagen in den Donaupark übertragen, wo sich in zwangloser Atmosphäre zwischen 20.000 und 150.000 Besucher längst nicht nur aus Linz einfinden, um im wahrsten Sinne des Wortes in klassischer Musik zu versinken. Neben der »klassischen« Klangwolke findet immer wieder auch eine »junge« Klangwolke statt, 1993 von Joe Zawinul, 1994 mit der Auftragskomposition »Odysseus« des Wiener Komponisten Otto M. Zykan, visuell untermalt durch Feuerwerk, Licht und Laser – neben dem akustischen auch ein beeindruckendes optisches Spektakel.
Die Theaterszene in Linz wird durch das **Linzer Kellertheater** am Hauptplatz ergänzt, das vorwiegend Komödien spielt, und durch das **Theater Phö-**

Der Brucknersaal im Brucknerhaus.

nix abgerundet, das in einem aufgelassenen Kino seine Heimstatt gefunden hat und mit engagierten Gegenwartsstücken brilliert. Den Kindern ist ein eigenes Theater gewidmet, das **Kuddelmuddel Ich & Du**, das vom Puppentheater (ab 3 Jahren) über das **Theater des Kindes** (ab 6), eine Kreativ- und eine Musikwerkstatt bis hin zum Kinder-Kino-Klub eine breite Palette für die Kleinsten anbietet. Das **Offene Kulturhaus** ist ein weiterer Veranstaltungsort für Gegenwartskunst, und das **Moviemento** erfüllt Kinowünsche abseits der ausgetretenen Pfade der großen Verleihfirmen.
Sommerkonzerte im Arkadenhof des Landhauses, im Musikpavillon im Donaupark, in der Martinskirche, sakrale Musik in verschiedenen Kirchen und nicht zu vergessen die großen **Pop- und Rock-Konzerte** in der Stadt- und Sporthalle und als Open-Airs im Stadion runden das Musikangebot ab. Die Museumslandschaft wird entscheidend auch durch das **Stadtmuseum**

Nordico geprägt, das im ehemaligen Nordischen Stift untergebracht ist und neben einer bedeutenden Sammlung zur Stadtgeschichte immer wieder hervorragende Sonderausstellungen anbietet.
Die **Neue Galerie der Stadt Linz** ist *die* Gemäldegalerie der Stadt. Nach 1945 wurden nicht nur erstklassige Werke der Malerei des 20. Jahrhunderts, sondern auch ein großartiges graphisches Kabinett angesammelt. Obwohl die Neue Galerie ein relativ kleines Museum ist, steht sie mit ihren Dauer- und Sonderausstellungen durchaus auf einem mit den großen Gemäldesammlungen Europas vergleichbaren Niveau.
Zahlreiche kleine und kleinste private Galerien bieten das ganze Jahr über ein umfassendes Programm.
Aber all diese kulturellen Aktivitäten – so bedeutend und attraktiv sie sind, und so gut sie auch einer wesentlich größeren Stadt anstünden als Linz – reichten nicht aus, um Linz ein eigene, unverwechselbare kulturelle Identität zu geben. Und nicht einmal das als Kongreß- und Ausstellungszentrum errichtete neue **Design Center Linz**, das mit zukunftsweisender Architektur am Europaplatz entstanden ist, könnte mit seinem ambitionierten Programm Linz ein unverwechselbares Profil geben, hätte nicht Ende der siebziger Jahre eine fruchtbare Zusammenarbeit zwischen dem Linzer Brucknerhaus und dem Landesstudio Oberösterreich des Österreichischen Rundfunks begonnen.
Wenn die einstmals als »Linz an der Tramway« verspottete oberösterreichische Landeshauptstadt heute weltweit einen Ruf als Zentrum der Kunst mit elektronischen Medien genießt, so ist dies das Verdienst der **Ars Electronica.** 1979 fand zum ersten Mal dieses Festival für Kunst, Technologie und Gesellschaft (so der Untertitel) statt, und es erregte sofort internationales Aufsehen. In beispielhafter Weise wurde hier erstmals versucht, die Auswirkungen der neuen Medien und der elektronischen Revolution auf die Kunst und die Gegenwartsgesellschaft zu untersuchen und mit künstlerischen Mitteln darzustellen. Was als umstrittenes und international viel stärker als bei der einheimischen Bevölkerung und Presse begrüßtes Experiment begonnen hat, ist heute zu einem Markenzeichen geworden: Künstler und Wissenschaftler aus aller Welt treffen sich im Juni in Linz, um Werke vorzuführen, Erfahrungen auszutauschen, neue Entwicklungen und Tendenzen in der Forschung zu sehen und ihre Anwendbarkeit in der Kunst experimentell zu erproben. Sicherlich sind die Veranstaltungen der »Ars«, wie die Linzer das ihnen mittlerweile ans Herz gewachsene Festival nennen, nicht immer jedermanns Sache. Aber es wird auf eine Weise hier experimentiert, die der Stadt weltweit Anerkennung für ihren Mut gebracht hat, neue Wege zu beschreiten.
Seit 1987 steht die Ars Electronica jedes Jahr unter einem thematischen Schwerpunkt, seit 1987 gibt es auch den **Prix Ars Electronica**, den weltweit ersten internationalen Wettbewerb für Computeranimation, Computermusik und Interaktive Kunst. Mit einem Preisgeld von insgesamt 1.25 Millionen Schilling zieht der Prix jedes Jahr Hunderte von Künstlern aus aller Welt an, die ihre neuesten Werke einer internationalen Jury zur Beurteilung vorlegen, und wenn früher außerhalb Österreichs kaum jemand mit dem Namen Linz etwas anzufangen wußte, so passiert es einem heute als Linzer

Ein virtueller Blick in das Museum des 21. Jahrhunderts: das Interieur des im Bau befindlichen Ars Electronica Centers stilgerecht als Computersimulation.

auf Reisen häufig, daß man – gerade in den USA oder Japan – bei Nennung seines Herkunftsortes zu hören bekommt *»Oh, Linz, that's Ars Electronica, isn't it?«* It is.
Und so entwickelt sich das Kulturleben in der Stadt auch in dieser Richtung weiter: Seit 1995 wird im Prix Ars Electronica auch ein Preis für die interessanteste Installation im internationalen Mediennetz, dem »World Wide Web«, vergeben, und ab 1. Jänner 1996 nimmt am Urfahraner Brückenkopf das **Ars Electronica Center** seinen Betrieb auf, ein »Museum des 21. Jahrhunderts«, in dem zukunftsweisende Technologie einer künstlerischen Anwendung zugeführt wird, in dem ein großer Knotenpunkt jenes internationalen Mediennetzwerkes installiert wird, das sich zu einem Hauptträger der Gegenwartskultur entwickelt.
Es ist erstaunlich, daß gerade in einer Zeit, in der europaweit Budgetmittel im Kulturbereich stagnieren oder gekürzt werden, die Stadt Linz weiter in diesen Bereich investiert. Aber die kulturellen Ambitionen der Stadt verlangen nach einem dauernden Heim für die Kunst der Gegenwart und Zukunft, und im Zusammenwirken zwischen einem überdurchschnittlich kulturbegeisterten Rundfunkintendanten, einem engagierten Direktorium des Brucknerhauses, einem kunstbeflissenen Bürgermeister und – auch das muß erwähnt werden – einem mutigen Gemeinderat ist es offensichtlich möglich, Projekte zu realisieren, die nicht nur in Österreich ihresgleichen suchen. So wenig ist nötig, um die Musen zu fördern.

BIKE ATTACK

Stadtrundgänge

Rund um den Hauptplatz

»Linz ist nicht von sehr großem Umfange, verdient aber doch auf der Liste der schönen Städte eine Stelle. Besonders zeichnet sich der Marktplatz aus; er ist länglicht, so groß, regelmäßig und von so schönen Gebäuden umringt, als Wien keinen aufzuweisen hat; nur erblickt man auch hier mit großem Bedauren eine geschmacklose Heiligen-Säule, die den Platz entstellt.«
[J. Meermann, 1794]

Kernstück und Herz der Stadt Linz ist der **Hauptplatz**, der frühere Marktplatz, den die Linzer Bürger anläßlich einer Stadterweiterung im letzten Viertel des 13. Jahrhunderts angelegt haben – auf eigene Kosten und auf eigenen Wunsch. Die eigentliche Altstadt liegt westlich des Platzes unterhalb des Schloßberges und umfaßt die Hofgasse, den Hofberg, den Alten Markt, den Tummelplatz und – die Altstadt. Dieser historische Altstadtbereich ist etwa gleich groß wie der Hauptplatz mit den Häusern, die ihn umranden, mit anderen Worten: Die Stadterweiterung, die ab 1276 stattfand, war tatsächlich eine Stadtverdoppelung.
Mit rund 220 Metern Länge und einer Breite von gut 60 Metern zählt der Linzer Hauptplatz zu den größten geschlossenen Stadtplätzen Mitteleuropas, und er weist eine auf den ersten Blick nicht auffällige Merkwürdigkeit auf: Keine Kirche, kein Adelspalast stehen an diesem Platz, ziehen den Blick auf sich, und selbst die im Südosteck des Platzes hochaufragende Ignatiuskirche (der Alte Dom) ist vom Hauptplatz durch einen Häuserblock getrennt…
Einzig das **Rathaus** (Hauptplatz 1) in der Mitte der Ostseite des Platzes war kein Privathaus, aber es zeigt sich als Ausdruck des Bürgerwillens, und auch dieses Gebäude war ursprünglich genauso angelegt wie die anderen Häuser rund um den Platz: dreigeschossig und dreiachsig. In seiner heutigen Gestalt geht das Rathaus auf einen von einem Meister Christoph nach dem großen Stadtbrand von 1509 angelegten Neubau zurück, von dem noch der achteckige Rathausturm und einige gewölbte Räume im Inneren erhalten sind. 1658/59 wurde das Rathaus mit dem Nachbarhaus vereinigt und erhielt die heute noch bestehende Fassade mit großer Pilasterordnung. Wie fast Häuser rund um den Hauptplatz hat auch das Rathaus einen Arkadenhof im Inneren auf. Die Medaillons (von Maurus Paulcynski und Peter Dimmel, 1956) zeigen Kaiser Friedrich III., die beiden bedeutenden Bürgermeister Hoffmandl und Pruner, Johannes Kepler und Anton Bruckner.
Das Rathaus ist bis heute Sitz des Bürgermeisters und Versammlungsort des Gemeinderates, auch wenn mittlerweile das Neue Rathaus in Urfahr einen Großteil der magistratischen Dienststellen aufgenommen hat. Im Laufe der Jahre wurden verschiedene Nebenhäuser angekauft und für kommunale

Daß Geschäftssinn und Verwaltung gut Hand in Hand gehen, beweist diese Photographie des Hauptplatzes von 1910 – das Parterre des Rathauses ist an Geschäftsleute vermietet. Diese jahrhundertealte Tradition wird heute übrigens beim Neuen Rathaus fortgesetzt.

Zwecke eingerichtet, sodaß man heute vom *Rathausgeviert* zwischen der Rathausgasse (neben dem Rathausturm) und der Pfarrgasse (nächste Gasse südlich) spricht. Bis in die Gegenwart sind die Gebäude des Rathausgevierts ein durch zahlreiche Stiegen und Durchgänge verbundenes Labyrinth, bis in die Gegenwart wird in den meisten Räumen noch mit Kohleöfen geheizt. Seit Frühjahr 1993 wird das Rathausgeviert (soweit es in städtischem Besitz ist) mit großem Aufwand generalsaniert, weshalb damit gerechnet werden muß, daß das eine oder andere Gebäude eingerüstet ist. Mitte 1997 wird die erste Etappe der Sanierung (Objekte Hauptplatz 1, 33, 34, Rathausgasse 2, 4 und 6 sowie ein hofseitiger Neubau des Gemeinderatssaales und eines Bürotraktes) abgeschlossen sein. Auf Preisbasis 1991 sind dafür rund 400 Millionen Schilling erforderlich. Die zweite Etappe mit dem Umbau der Gebäude Rathausgasse 8, Pfarrplatz 15 und 17 sowie Pfarrgasse 7 und 9 soll zur Jahrtausendwende vollendet sein.
Folgt man der Numerierung des Hauptplatzes (gegen den Uhrzeigersinn), so fällt als nächstes Haus das sogenannte **»Ehrentletzberger-Haus«** (Hauptplatz 4) auf. Es ist ein großartiges Beispiel eines Patrizierhauses. Seit dem 16. Jahrhundert im Besitz einer Handelsfamilie, erhielt es vor 1576 die beiden Runderker auf ihren muschelförmigen Schalen. Im Inneren liegt ein dreiseitiger dreigeschossiger Arkadenhof, der für die (Um-) Bauzeit des Hauses typisch ist. 1939 wurde die Fassade gegenüber dem historistischen Umbau von 1884 vereinfacht und durch eine Blendmauer erhöht, um das Gebäude an die neu entstandenen Brückenkopfgebäude anzupassen. Außerdem befindet sich im Inneren eine um 1650 eingebaute stuckverzierte Haus-

Der Nordteil der Hauptplatzes um 1910. Außer im Bereich der Brückenkopfgebäude hat sich bis heute nicht allzuviel geändert, die einzige erhaltene Straßenbahngarnitur aus jener Zeit allerdings wird nur mehr zu Sonderfahrten eingesetzt.

kapelle, die allerdings nur selten zugänglich ist. Das Lokal »Alte Welt« ist in den auf die ursprüngliche Erbauungszeit des Hauses zurückgehenden Gewölbekeller eingebaut und gibt einen Eindruck von der Tiefe der Kellerräumlichkeiten rund um den Hauptplatz.

Nach Norden wird der Hauptplatz von den beiden **Brückenkopfbauten** abgeschlossen, die nach ihrer Verwendung im Volksmund »Finanzgebäude Ost« und »Kunsthochschule« genannt werden. Im Zuge des Baues der Nibelungenbrücke wurde ab 1939 der Nordteil des Hauptplatzes angehoben, wodurch eine Neugestaltung des nördlichen Platzabschlusses erforderlich wurde. Der Architekt Roderich Fick löste die Aufgabe mit den beiden Brückenkopfbauten recht gut und hat auch die Anbindung an die Nachbarhäuser ohne allzu große Stilbrüche vollzogen. Dabei wurden allerdings die beiden nördlichen Seitengassen des Hauptplatzes, die Adlergasse an der Ost- und die Badgasse an der Westseite, abgeschnitten, der Zugang erfolgt heute durch die Arkaden der Brückenkopfgebäude.

Im westlichen Brückenkopfgebäude ist nicht nur die Kunsthochschule untergebracht, sondern auch die Nachfolgerin jener »Wasser-Apotheke«, deren Inhaber Johann van Beethoven war, der Bruder Ludwigs, welcher deswegen mehrmals in Linz zu Besuch war. Und in den äußeren Arkaden befindet sich eine Linzer Institution, die hier ebenfalls erwähnt werden muß: der »Warme Hans«. Die Würstelstände in Linz haben Tradition und sind jahraus, jahrein ein beliebter Treffpunkt für alle, die sozusagen der minimalistischen Form des kulinarischen Genusses frönen. Der »Warme Hans«

Kurz nach der Jahrhundertwende entstand auch dieses Bild. Links der Eingang zur Hofgasse, das mittlere Gebäude ist das gotische Bürgerhaus Nr. 10.

ist jener Stand, der fast die ganze Nacht durch offen ist, und hier treffen sich Nachtschwärmer aller Art auf »eine Heiße« – Ballbesucher in Smoking und Abendkleid ebenso wie Altstadtschwärmer und Punks – unter allen gastronomischen Einrichtungen der Stadt wohl die demokratischste…

Das **gotische Bürgerhaus** (Hauptplatz 10) hat als einziges Gebäude noch sichtbare Spuren der ursprünglichen Fassadengestaltung aufzuweisen. Es besteht aus zwei ehemals dreiachsigen mittelalterlichen Häusern, wovon das südliche noch ein gotisch verstäbtes Sandstein-Fenstergewände zeigt, auf dessen Sohlbank zwei Drachen als Wappenhalter angebracht sind. Im 17. Jahrhundert wurden beide Häuser vereinigt und ein durchgehender Erker errichtet, der vor dem Portal auf zwei Säulen ruht und oben eine Säulenloggia aufweist. Die Fensterverdachungen stammen aus dem Barock, ebenso die Pilaster mit ihren Kompositkapitellen. In der Parterrefassade ist ein Abguß eines 1889 hier gefunden römischen Familiengrabsteins eingelassen.

Jenseits der Hofgasse sollte der Fassade der Tabak-Trafik kurze Aufmerksamkeit gewidmet werden – sie ist ein Musterbeispiel für die Auslagengestaltung der Jahrhundertwende und eines von ganz wenigen erhaltenen Exemplaren.

Das Haus **Hauptplatz 13** wurde erst vor wenigen Jahren renoviert, im ersten Stock des darin untergebrachten Restaurants finden sich ein Stück des originalen Kreuzrippengewölbes aus der Entstehungszeit des Hauses und zwei hervorragend restaurierte alte Balkendecken.

Das Haus **Hauptplatz 16** zeigt recht anschaulich die Architektur der Entstehungszeit und die nach den Stadtbränden immer wieder auf den vorhandenen Grundrissen aufbauende Um- und Neugestaltung. Dreiachsig und dreigeschossig wie die anderen Hauptplatzbauten, hat es an seiner rechten Seite eine Wageneinfahrt, die sich als Gang durch die gesamte Länge des Hauses zieht.

Die Linzer Häuser sind alle ursprünglich schmal und lang (bis zu vierzig Meter!) gebaut, um einerseits allen Bürgern ein Grundstück am neuen Marktplatz zu sichern, andererseits aber die notwendige Lager- und Wohnfläche zu bieten. Zur Zeit der Erbauung waren sie zweigeschossig, der Oberstock diente als Wohnbereich. Der Aufgang zweigte wie beim Haus Hauptplatz 16 von der Toreinfahrt ab und führte einläufig nach oben in einen Raum, an den sich nach vorne die fensterlose Küche anschloß. Straßenseitig lag das Wohngemach. Zur Erschließung dienten die kleinen Innenhöfe, das Hinterhaus wurde von Stallungen und Lagerräumen eingenommen. Ursprünglich wiesen die Häuser hohe, steile Giebeldächer auf, nach dem Stadtbrand von 1509 wurden einige der Häuser mit Feuermauern versehen. Nach einer weiteren Brandkatastrophe erließ Kaiser Ferdinand am 28. Mai 1542 eine Bauordnung, nach der unter anderem das Dachwerk so zugerichtet werden mußte, daß an den Seiten Mauern aufgeführt werden konnten. Wer keine Schiedmauern errichten wollte, mußte statt der hölzernen Firstdächer so kleine, niedrige Dächer bauen, daß keine äußere Holzwand zu sehen war. Damit war die Form des Grabendaches für die Häuser festgelegt, wie es sich noch heute hinter den Blendmauern verbirgt. Aufstockungen der Häuser im 17. Jahrhundert haben an dieser Grundform nichts mehr geändert. Am bemerkenswertesten ist aber wohl die folgende Bestimmung der Ferdinandäischen Bauordnung: »Alle neuen Gebäude müssen mit Wissen der Stadt errichtet werden und zu den vier Jahreszeiten sollen die Feuerstätten durch Verordnete besichtigt werden.« Schon 1542 also wurde die behördliche Feuerbeschau eingerichtet!

Im Haus Nr. 16 findet sich in der Einfahrt rechts eine Tafel mit einem Hausspruch (*Wür Engl all im Himmelreich / Verwündern Unß ob dem Erdreich / Daß die Leüth baun Heuser Vest / Und seindt darin nur Frembdte Gesst und wo Sye solten Ewig sein, / da Bauen Sye gar wenig drein / 16+81*) des Linzer Kaufherren und Bürgermeisters Johann Pruner. Der ebenerdige Raum links war die Hauskapelle, einige bei der Renovierung gefundene Freskenreste wurden sichergestellt. Alle anderen ebenerdig und tiefer liegenden Räume dienten als Warenlager. Es fällt auf, daß das Wenden der eingefahrenen Wägen nicht möglich war, und tatsächlich liegt die Ausfahrt aus dem Hause auch an der Hinterseite, wo eine schmale Quergasse wieder auf die heutige Klosterstraße hinausführte. Im ersten Innenhof toskanische Arkaden, im Nebenhof rechts ist eine Stützmauer sichtbar, die erklärt, warum trotz der teilweise verheerenden Stadtbrände die originalen Grundrisse unverändert blieben: Bei solchen Mauern (einige weisen an der Basis eine Stärke bis zu drei Metern auf) ist es praktisch unmöglich, daß ein Haus im wahrsten Sinne des Wortes bis auf die Grundmauern abbrennt. Das Haus ist auch ein gelungenes Beispiel für die in den letzten eineinhalb Jahrzehnten erfolgte Revitalisierung der Innenstadthäuser: Es ist selbst unter den strengen Auflagen des Denkmalschutzes möglich, zeitgemäße Einbauten wie Aufzüge unterzubringen, wenn auch mit großem finanziellem Aufwand. Betrachtet man die granitenen Tür- und Fenstergewände, so wird klar, daß an die Verwendung von Normfenstern und -türen nicht zu denken war – jedes einzelne Stück mußte nach Maß gefertigt werden. Hinter der Ausfahrt des Hauses sind rechts übrigens noch Reste der ersten Stadtmauer vor der Erweiterung durch den Hauptplatz zu erkennen.

Der Linzer Hauptplatz gegen Süden. Kupferstich von Matthäus Merian nach Clemens Beuttler von 1677. Dominierend der 1828 abgerissene Turm des Schmidtores.

Das **»Feichtingerhaus«** Nr. 18 ist ebenfalls aus ursprünglich zwei Häusern zusammengebaut. Erhaltene Kreuzrippengewölbe im ersten Stock dokumentieren die gotische Bausubstanz, auch wenn die heutige Schauseite – durch eine geschweifte Attika geziert – aus dem späten 17. Jahrhundert stammt. Der selten zugängliche Innenhof gehört zu den schönsten in Linz, das Glockenspiel im Giebel stammt aus den achtziger Jahren.

Beachtenswert sind auch die Fassaden der Häuser Nr. 19 (er- oder besser umgebaut von Cristoforo Canevale, mit einer Empire-Schauseite nach dem Stadtbrand von 1800) und Nr. 21. Die »Wilden Männer« der stuckverzierten Schauseite stammen möglicherweise von Johann Kaspar Modler, 1771.

Die schmale **Schmidtorstraße** verbindet den Hauptplatz auf seiner Südseite mit dem Taubenmarkt. Das Schmidtor, nach dem sie benannt ist, begrenzte bis zu seinem Abriß 1828 den Innenstadtbereich nach Süden. Außerhalb des riesigen Torturmes lag die Landstraße mit den Vorstädten.

Das nächste bemerkenswerte Gebäude am Hauptplatz ist das **Freihaus Weißenwolff** in der südöstlichen Ecke. Es ist das einzige Adelspalais am Platze, aber auch dieses wurde vom Statthalter Graf Herberstorff erst 1628 aus bürgerlichem Besitz erworben, ging dann an die Jesuiten und war anschließend ab 1658 im Besitz der Grafen Weißenwolff. In seiner heutigen Gestalt geht es auf einen Umbau um 1660 zurück, die große Pilasterordnung mit den gesprengten Giebeln wurde ebenso wie das frühbarocke Portal mit den Doppelsäulen erst kürzlich renoviert. In diesem Hause wohnte 1818–20 Joseph Fouché, der Polizeiminister der Revolution, dann Napoleons, zuletzt

»Meine Erinnerung hat mich nicht getäuscht. Das ist einer der schönsten Plätze der Welt!« Adolph von Menzel, von dem dieser Ausspruch überliefert ist, hat mehrere Linz-Skizzen hinterlassen, diese entstand 1854.

Ludwigs XVIII., der nach seiner Absetzung (wegen seiner Verantwortung für die Hinrichtung Ludwigs XVI.) vorerst nach Prag emigriert war, von dort nach einigen Skandalen und Händeln nach Linz übersiedelte, hier aber gesellschaftlich isoliert blieb und geschnitten wurde, und der 1822 vereinsamt in Triest starb.

Die Häuser auf der Ostseite des Hauptplatzes entsprechen in ihren Grundmerkmalen jenen auf der Westseite, hervorzuheben ist der ehemalige Gasthof **»Zur Stadt Frankfurt«** (Hauptplatz 34). Hier befand sich schon seit dem 17. Jahrhundert ein Einkehrhaus (Zum Schwarzen Adler), hier verstarb auch 1680 der kaiserliche Feldmarschall Raimondo da Montecuccoli. Der Überlieferung nach hat hier auch Ludwig van Beethoven 1812 gewohnt, als er zu Besuch bei seinem Bruder war, mit dem er sich nicht immer besonders gut vertragen hat. Weitere Aufenthalte 1814 und 1815 sind nicht verbürgt. Gesichert ist allerdings, daß er die 8. Symphonie in Linz fertiggestellt hat.

Das Haus wurde häufig umgebaut und 1866 mit dem Nachbarhaus vereinigt. 1904 wurde es dem Rathaus angegliedert. Im Zuge der Umbaumaßnahmen des Hauptplatzes zur Fußgängerzone Ende der siebziger Jahre wurde auch das Haus »Zur Stadt Frankfurt« renoviert, wobei man auf die in glatten vorgezogenen Wänden vermauerten Säulen stieß, die die Breiterker tragen. Daraufhin wurden an den anderen Gebäuden ebenfalls die Breiterker freigelegt, und so präsentieren sich die Häuser des Linzer Hauptplatzes wenn auch nicht in ihrer ursprünglichen, so doch in einer Gestalt, die jener des 18. Jahrhunderts recht ähnelt.

Die *»Breiterker«* sind ein typisches Merkmal der mittelalterlichen Häuser in Linz und seiner näheren Umgebung. Der erste Stock der Häuser springt auf Kragsteinen, Pfeilern oder Säulen um bis zu 90 Zentimeter über die eigentliche Fassadenflucht vor. Da die tragenden Elemente innen in der Flucht durchgehen, entstehen auf diese Weise Nischen in der Breite einer Fensterachse – es scheint dies ein ähnlich repräsentatives Element in der Fassadengestaltung gewesen zu sein wie die Blendgiebel, die das Vorhandensein eines dritten Stockes vortäuschen und hinter denen sich in Wirklichkeit nur die Dächer verbergen.

Die Fläche des Hauptplatzes wird von der **Dreifaltigkeitssäule** dominiert, einer über 21 m hohen Wolkensäule aus weißem Salzburger Marmor auf einem dreiseitigen Unterbau. Nachdem im Jahre 1713 die Pest in Linz ge-

Der Hauptplatz sozusagen von außen: Blick vom Neuen Rathaus über die Donau auf die Brückenkopfgebäude, zwischen denen das Alte Rathaus und sein Turm zu erkennen sind.

wütet hatte, wurde bereits im folgenden Jahr der Plan gefaßt, der Heiligen Dreifaltigkeit durch Errichtung eines Monuments für die Errettung der Stadt zu danken. Die Säule wurde 1714 von Antonio Beduzzi entworfen, 1716 bekam der Steinmetz Sebastian Stumpfegger den Auftrag zur Herstellung, und 1723 konnte die Säule endlich geweiht werden. Die Plastiken an der Säule zeigen auf dem Sockel neben zahlreichen Putten die Heiligen Karl Borromäus, Florian und Sebastian, an der Wolkensäule selbst eine Maria Immaculata und als Krönungsgruppe eine Dreifaltigkeitsgruppe aus vergoldetem Kupfer.

Ursprünglich fiel der Hauptplatz zur Donau hin gleichmäßig ab, das Nordende wurde wie erwähnt im Zuge des Baus der Nibelungenbrücke angehoben. In seiner heutigen Gestalt ist der Platz, der bis Ende der siebziger Jahre uneingeschränkt dem Verkehr und als Parkplatz diente, keine durchgehende Fläche mehr: Zwischen Dreifaltigkeitssäule und Klosterstraße wurde beim Ausbau der Fußgängerzone eine ebene Fläche geschaffen, die für Veranstaltungen dient und besonders im Sommer eifrig genutzt wird. Sie ist durch einige Stufen und durch Blumenbeete von der restlichen Fläche des Platzes abgegrenzt, ohne daß dadurch der Eindruck des Zusammenhanges verloren ginge. Die aufgestellten Beleuchtungskörper, die sogenannten Linzer Kandelaber, wurden nach einem Wettbewerb eigens für Linz entworfen und lehnen sich stilistisch an die Gaslaternen des ausgehenden 19. Jahrhunderts an. Wie man hört, hat sich dieses Modell bei der herstellenden Firma mittlerweile zum Verkaufsschlager entwickelt…

Besonders stimmungsvoll ist der Hauptplatz abends – Wandfluter beleuchten die Hausfassaden von oben und bringen das Herzstück von Linz zu seiner schönsten optischen Wirkung. Wenn der alte Marktplatz auch seine ursprüngliche Funktion verloren hat, so vermitteln doch der sehenswerte samstägliche Flohmarkt und der Christkindlmarkt in der Vorweihnachtszeit einen Abglanz jenes bunten Handels, dem der Linzer Hauptplatz seinen Ursprung und die Stadt ein wesentliches Element ihrer Gestalt zu verdanken hat.

Die Altstadt

»...und ist nicht nur wegen seiner Größe, und der zweckmäßigen Anstalt,
daß in jedem der 3 Stockwerke, wie in Neapel, ein Brunnen besteht,
sondern auch deßwegen merkwürdig,
weil hier die Erzherzogin Elisabeth starb...«
[Benedikt Pillwein 1824 über das Haus Altstadt 30]

Vom Hauptplatz Richtung Schloß führt die **Hofgasse** ins Herz der Linzer Altstadt. Nachdem einige Jahre lang die Altstadt eher ausgestorben war (und der damals noch zulässige Autoverkehr hatte daran entscheidenden Anteil), ist nach der Errichtung der Fußgängerzone hier *die* Beislszene von Linz aus dem Boden geschossen. Jeden Abend – verstärkt natürlich an den Wochenenden – geht es hier im »Linzer Bermuda-Dreieck« richtig rund. Besonders gemütlich ist es im Sommer, wenn die Lokale links und rechts der Gasse einen Teil des Betriebes ins Freie verlegen, und an lauen Abenden hat man den Eindruck, an einem Stadtfest teilzunehmen.

Tagsüber aber sind die Gassen der Altstadt eher still und beschaulich und laden zu einem Erkundungsbummel ein. Eigentlich ist jedes Haus in seiner Art bemerkenswert, aber ein paar besonders sehenswerte sollen hier Erwähnung finden. Das **Hohenfelder Freihaus** (Hofgasse 7) war bis 1642 im Besitze der Familie Polheim, dann bis 1680 des Grafen Verdenberg, und bis 1786 gehörte es den Grafen Hohenfeld. Die frühbarocke Fassade wird von den beiden seitlichen, tief herabreichenden Fenstererkern betont, das Portal mit seinem gesprengten Giebel ist typisch für die Linzer Häuser dieser Zeit.

Hofgasse 9 ist das **Starhemberger Freihaus**, benannt nach den Starhembergern, die es 1401 erwarben und mit einer kurzen Unterbrechung bis 1625 besaßen. Das Haus wurde 1619 in seiner heutigen Form wiederhergestellt. Bemerkenswert sind das Eckrondell über dem rustizierten Erdgeschoss und die durch Putzbänder und Ortsteine gegliederte Fassade, als deren Architekt Marx Martin Spaz vermutet wird. Das oberste Stockwerk wurde erst 1961 aufgesetzt.

Mit wenigen Schritten gelangt man auf einen kleinen dreieckigen Platz, an dem Hofgasse, Hofberg und Altstadt aufeinandertreffen. Am Eckhaus (Café Centrum) findet sich eine Gedenktafel zur Erinnerung an den ersten Aufenthalt Wolfgang Amadeus Mozarts in Linz. Der Hofberg führte einst durchs Wassertor an die Donau hinunter, und er ist insofern bemerkenswert, weil von ihm das **Reichengäßchen** wegführt, das schmalste Gäßchen von Linz, so eng,

Der Erker des Apothekerhauses.

daß man sich darüber hinweg die Hand reichen kann. Man findet es auf der Schloßseite des Hofbergs dort, wo die Verlängerung des Apothekerhauses zurückspringt. Der Durchgang ist allerdings durch ein Gitter versperrt.
Das auffälligste Gebäude am Platz ist zweifellos das sogenannte **Apothekerhaus** (Hofberg 10 / Hofgasse 16). Seit dem 16. Jahrhundert sind die Apotheker der Hof-Apotheke »Zum schwarzen Adler« als Eigentümer nachweisbar. Die Fassade besticht durch ihre große Ordnung mit Kolossalpilastern (17. Jahrhundert) und durch die reichen Fensterverdachungen aus dem 18. Jahrhundert. 1791 wurde das am Hofberg anschließende Schlosserhaus hin-

zuerworben – kenntlich an den enger stehenden Fensterachsen – und im Stil und der Ausstattung angeglichen. Neu errichtet wurde damals das große Portal mit seinen Terracottavasen und der Oberlichte in typischen Rokokoformen. Die ehemalige Hofapotheke ist längst verlegt, aber das Haus ist ein schöner Beweis dafür, daß die Apotheker der damaligen Zeit keineswegs am Hungertuche genagt haben!
Wie die weniger begüterten Einwohner von Linz im 16. und 17. Jahrhundert gelebt haben, wird am gegenüberliegenden Eckhaus, dem **Hohenecker Freihaus** (Hofgasse 20), sichtbar. Das Haus gehörte den Jörgern, die es 1502 von Kaiser Maximilian erworben hatten. Zwischen 1631 und 1721 kamen zwei weitere Bürgerhäuser hinzu, was am Knick in der Fassade zur Hofgasse erkennbar ist. Das Haus fällt bereits durch seinen achteckigen Erker auf, an dem die Wappen der Eigentümer angebracht sind. Aber eine Symbolfigur weist noch auf etwas anderes hin: der Erker ruht auf einem geflügelten Löwen, der ein aufgeschlagenes Buch in den Fängen hält – Symbol des hl. Markus, Wahrzeichen der Stadt Venedig. Und in der Tat war eine Zeitlang Venedig ein wichtiger Handelspartner der Linzer, die auch am *Fondaco dei Tedeschi*, dem Handelshof der deutschsprachigen Kaufleute, mit beteiligt waren. Doch das galt nur für die reichen Kaufherren. Die Fassadenseite zur Hofgasse hingegen zeigt die granitenen Einfassungen von zwei erst vor wenigen Jahren bei Renovierungsmaßnahmen entdeckten sogenannten »Kniefenstern«, die allgemein als Eingänge zu Handwerkerläden gedeutet werden.

Die Werkstätten und Läden zogen sich hinter diesem Kniefenster, das Eingang, Fenster, Auslage und Belüftung gleichzeitig war, in einer Breite von knapp drei Metern etwa fünf Meter – die Tiefe des sichtbaren Gewölbes – nach hinten. So unscheinbar diese Kniefenster sind, sie sind ein deutlicher Hinweis auf die starken sozialen Unterschiede innerhalb der Stadt. Ein Bürgerhaus wie dieses kostete Mitte des 17. Jahrhunderts zwischen 3000 und 5000 Gulden (zum Vergleich: eine Kuh war um etwa zehn Gulden zu haben), ein Handwerker nahm etwa zweieinhalb bis drei Gulden in der Woche ein. Mit anderen Worten, der Wert eines städtischen Wohnhauses entsprach etwa dem zwanzig- bis fünfunddreißigfachen des Jahreseinkommens eines Handwerkers. Das »ehrsame Handwerk« hatte kaum Aussichten, jemals zu Haus- und Grundbesitz innerhalb der Stadt zu kommen…

Geht man die Hofgasse weiter Richtung Schloß hinauf, so folgt als nächstes historisch bemerkenswertes (wenn auch äußerlich sehr unscheinbares) Haus das Jörgersche Freihaus, die ehemalige **Landkanzlei**. Es diente 1612–1771 als kaiserliche Landkanzlei, anschließend als Normalschule, wo auch die Präparandenkurse für angehende Lehrer stattfanden. Anton Bruckner besuchte die Schule in diesem Hause 1840/41, und es ist aus heutiger Sicht unglaublich, daß die Ausbildung zum Volksschullehrer damals knapp zehn Monate dauerte. Ab 1882 war das Haus Sitz der Handelsakademie, die von Rainer Maria Rilke 1891/92 als Schüler besucht wurde.
Das letzte Haus rechts vor dem Erreichen des Schlosses ist ein Musterbeispiel für erfolgreiche und stilgerechte Revitalisierung, und von der Terrasse beim Schloßportal hat man einen wunderschönen Blick über die Donau auf Urfahr und das Neue Rathaus.
Folgt man beim Hohenecker Freihaus der als »Altstadt« bezeichneten Gasse, so stößt man nach wenigen Schritten auf einen weiteren dreieckigen Platz, den sogenannten »Alten Markt«. Hier war bis zur Stadterweiterung im 13.

Jahrhundert das Herzstück der Stadt, der Marktplatz, hier befand sich zur Zeit Kaiser Friedrichs III. auch die alte Synagoge, später dann eine Dreifaltigkeitskapelle (durch einen Grundriß im Pflaster gekennzeichnet). Die Westseite des Alten Marktes wird durch die Fassade des **Kremsmünsterer Hauses** (Altstadt 10) dominiert. Am 16. April 1493 überließ Kaiser Friedrich III. dem Landeshauptmann ob der Enns, Gotthard von Starhemberg, zwei Häuser in der Altstadt. Einer unbewiesenen Legende zufolge ist der Kaiser am 19. August 1493 auch in diesem Hause gestorben. Noch im gleichen Jahr wurde das Haus weiterverkauft, bis es schließlich 1507 in den Besitz des Stiftes Kremsmünster gelangte. 1579/80 wurde das Haus von Cristoforo Canevale neu aufgebaut, aus dieser Zeit stammt das Rustikaportal. Schon 1585/86 erfolgte ein Umbau durch Christoph Martin, 1616 erhöhte Marx Martin Spaz das Haus um ein Stockwerk und brachte die beiden markanten Runderker mit den Zwiebelhelmen an. Nach dem Stadtbrand von 1800 wurde das Haus – im Gegensatz zu vielen anderen in der Altstadt – samt der Fassadendekoration von 1673/74 originalgetreu wiederhergestellt. In den siebziger Jahren dieses Jahrhunderts wurde der Bau generalsaniert und dient heute vorwiegend Wohnzwecken. Das steinerne Abtwappen stammt aus dem Jahre 1710.

Das Kremsmünstererhaus auf einer historischen Aufnahme.

Mit dem Kremsmünstererhaus durch einen Torbogen verbunden ist das alte **Waaghaus**, das die städtische Waage enthielt und auf das Scherffenbergische Freihaus zurückgeht. Vom spätgotischen Bau ist nach dem Stadtbrand von 1800 und den Renovierungen der fünfziger Jahre nur das Rundbogentor von 1524 erhalten.

Schräg gegenüber, nach der Bäckerei, befindet sich im Haus **Altstadt 7** ein wunderschöner kleiner zweiseitiger dreigeschossiger Arkadenhof mit einem Brunnen, den die Fama bis zur Römerzeit zurückreichen läßt, der aber zumindest aus dem Mittelalter stammen dürfte.

Das **Wilheringer Stiftshaus** (Altstadt 13) besteht eigentlich aus zwei 1622 und 1628 angekauften Häusern und wurde in der Mitte des 17. Jahrhunderts zu seiner heutigen Form umgebaut. Seit einigen Jahren sind Bemühungen im Gange, eine Verbindung zwischen dem Wilheringer Stiftshaus und dem Haus Hauptplatz 17 herzustellen, um eine stimmungsvolle Passage zwischen Hauptplatz und Altstadt zu gestalten. Solche Durchhäuser könnten sehr zur Belebung der Altstadt beitragen, die ja tagsüber recht ruhig ist und erst nachts zum Leben erwacht. Bisher konnte dieser Wunsch der Städteplaner allerdings noch nicht realisiert werden.

Neben dem Wilheringer Stiftshaus schließt sich der **»Imkerhof«** (Altstadt 15) an. In seiner heutigen Gestalt stellt er sich als hübsche Barockfassade mit im ersten Stock dreieckigen, im zweiten abgetreppten horizontalen Fensterverdachungen und einem schönen Portal dar. Im Hof gibt das spitzbogige gotische Tor aus der Mitte des 15. Jahrhunderts wieder einen sichtbaren Hinweis auf die alte Bausubstanz. Bemerkenswert auch der Bienenkorb als neue Variante der alten Hauszeichen.
Das Haus **Altstadt 30** wird durch die nach dem Stadtbrand von 1800 geschaffene Theatergasse vom Landhaus getrennt und gehörte ursprünglich zum Landhauskomplex. In seiner heutigen Form wurde es 1801–03 vermutlich von Ferdinand Mayr erbaut, der klassizistischen Fassade ist das spätgotische Innere nicht anzusehen. An der rechten Nebenfront, in der kleinen Seitengasse, findet sich allerdings noch ein spätgotisches Türgewände aus dem frühen 16. Jahrhundert. In diesem Hause wohnte Maria Elisabeth, Tochter Kaiserin Maria Theresias und Oberin des adeligen Damenstifts zu Innsbruck nach ihrer Flucht vor den Franzosen 1805. Für sie wurde in diesem Haus die erste Wasserleitung und der erste (mit Menschenkraft betriebene) Aufzug in Linz eingerichtet. Heute beherbergt das Haus verschiedene Dienststellen des Landes Oberösterreich.
Das letzte Haus auf der linken Seite der Altstadt ist das **Starhemberger Freihaus** (Altstadt 17 / Klosterstraße 20), auch als **Mozarthaus** bezeichnet. Um 1500 hatten die Freiherrn von Prag ein Haus in der Klosterstraße erworben, das teilweise den gegenüber angesiedelten Minoriten dienstpflichtig war. Es gelangte nach einer Beschlagnahme in der Gegenreformation und langem Rechtsstreit 1659 in den Besitz des Grafen Konrad Balthasar Starhemberg, der es 1687 mit dem benachbarten Sprinzensteinischen Hause und einem weiteren Haus vereinigen ließ. Architekt des Umbaus war Georg Pruckmayr. Das Portal Altstadt 17 und der Innenhof stammen noch aus der Ursprungszeit, das Portal zum kleinen »Platzl« an der Klosterstraße hingegen entstand zur Zeit des Umbaus 1687. Die Fassade ist durch basislose Monumentalpilaster mit ionischen Kapitellen gegliedert, die Fensterverdachungen sind abwechselnd spitz und rund.

Der Innenhof gehört zu den schönsten in Linz – weit und geräumig, ist er auf zwei Seiten von toskanischen Arkaden eingerahmt, auf der dritten hingegen verläuft eine offene »Pawlatsche«. Hier wird der Einfluß der Mode auf die Architektur deutlich sichtbar, und daß das Schönere nicht immer das Bessere ist: Die Erschließung von Räumen über Pawlatschen – ungedeckte balkonartige Gänge – ist in Mitteleuropa weit verbreitet. Im Winter kann die Pawlatsche ohne viel Aufwand vom Schnee befreit werden, das Sonnenlicht kann ungehindert an die Hausmauer fallen, und im Sommer ist eine Beschattung normalerweise nicht nötig. Die toskanischen Arkaden hingegen, in ihrer Heimat als klimatischer Schutzschild im Sommer vorteilhaft, lassen hierzulande im Winter vom ohnehin spärlicheren Licht nur wenig an die Hauswände gelangen, und wenn Schnee hineingeweht wird, ist er schwerer zu entfernen als von der Pawlatsche, wo er einfach abgekehrt wird. Aber auf solche Überlegungen haben weder die Bauherrn noch die Architekten Rücksicht genommen, die Arkadenhöfe waren »in« und wurden gebaut.

In diesem Hause war Mozart beim Grafen Thun zu Gast, als er aufgefordert wurde, eine Symphonie beim bevorstehenden Symposium zum besten zu geben, und weil er keine bei sich hätte, so teilte er seinem Vater brieflich

Das Landhausportal.

mit, schreibe er jetzt »über Hals und Kopf« an einer neuen… Es wurde die C-Dur-Symphonie No. 36, KV 425, die schon bald den Beinamen »Linzer Symphonie« erhielt. Entstanden ist sie übrigens im Eckzimmer im ersten Stock, wo Graf Thun den illustren Gast untergebracht hatte. Eine Büste und eine Gedenktafel in der Toreinfahrt erinnern an dieses Ereignis.
Eine wesentlich kleinere Gedenktafel an einer Säule im Hof erinnert an Josef Urbanski, den Erbauer der Pöstlingbergbahn, der ebenfalls in diesem Hause gewohnt hat.

Am Ende der Altstadt steht der Besucher vor einem der markantesten Gebäude der Stadt Linz – dem **Landhaus**. Nach dem Tode des letzten Minoriten in Linz (1560) wurde das ehemals im äußersten südwestlichen Eck der befestigten Stadt gelegene Kloster (gegründet 1236) samt dem Kreuzgang von den Landständen übernommen und ausgebaut. Als erster Trakt wurde der sogenannte Saaltrakt mit dem Turm fertiggestellt. Die Anlage gruppiert sich um drei Höfe: den Arkadenhof (1568–74), den Schulhof (1574–77) und den Bauschreiberhof (1655–58). Nach dem Stadtbrand von 1800 erhielten die Außenseiten klar gegliederte Empire-Fassaden (von Ferdinand Mayr, 1802) und der Turm einen neuen barockisierenden Kupferhelm.
Auffälligstes und prächtigstes Element des Landhauses ist zweifellos das Nordportal. Es wurde aus Salzburger rotem Marmor erbaut und umfaßt nicht nur das Erdgeschoss, sondern auch die drei Fenster des über der gewölbten Erdgeschosshalle liegenden Steinernen Saals. Im Mittelfeld unterhalb der Fenstereinfassung stützen zwei Putten die Wappen des Landes Unter der Enns (Niederösterreich), Ob der Enns (Oberösterreich) und das alte babenbergische Hauswappen, aus dem auch die heutigen österreichischen Farben hervorgegangen sind. Die drei Bogenfenster des Steinernen Saals werden durch schlanke Halbsäulen getrennt, darüber ein spitzgiebeliger Aufsatz, gestützt von zwei Delphinen. Das Landhausportal ist neben dem manieristischen Schloß das einzige große Baudenkmal der Renaissance in Linz, und es ist ein Zeichen für die Macht und die Selbstachtung der Stände, daß sie sich hier sozusagen selbst ein Denkmal gesetzt haben.
Sehenswert ist auch der Arkadenhof (nach dem Nordportal rechts) mit seinen drei Arkadenreihen auf zwei Seiten (die Arkaden der Turmseite wurden später vermauert). Der Hof zeichnet sich durch seine eleganten Proportionen aus – und durch seine hervorragende Akustik, die besonders bei den sommerlichen Konzerten zu beeindrucken weiß. In der Mitte des Hofes steht der Planetenbrunnen. Das achtseitige Brunnenbecken mit den Marmorwappen wurde 1582 von Peter Guet geschaffen, 1684 von Hans Petz neu errichtet und mehrmals renoviert. Auf der Mittelsäule der Brunnenaufsatz, ein süddeutsches Kunstwerk mit Statuetten, die die sieben Planeten des ptolemäischen Systems versinnbildlichen. Weder der Künstler noch die genaue Entstehungszeit sind bekannt, der Brunnen wird aber bereits 1581 urkundlich erwähnt.
Das Südportal wurde erst im 17. Jahrhundert durchgebrochen, seine heutige Form gab ihm Johann Winkler 1769. Bei der Betrachtung des Landhausturms von der Altstadt aus fällt eine kleine Kuriosität ins Auge: Der Landhausturm trägt auf *allen* Seiten Sonnenuhren, auch auf der *Nord*seite. Es mag seltsam klingen, aber bei schönem Sommerwetter funktioniert diese Uhr in den frühen Abendstunden tatsächlich…
Unmittelbar an das Landhaus schließt die **Minoritenkirche** (Verkündigung Mariae) an. Auch wenn sie schon längst nicht mehr den Minoriten gehört, sondern ab 1602 von den Jesuiten betreut wurde und seit 1785 Filiale der Stadtpfarrkirche ist, hat sich doch ihr Name erhalten. In ihrem Kern stammt sie aus der Zeit vor 1288, der ursprüngliche Bau ist in den heutigen einbezogen. Der Ostturm wurde von Franz Michael Pruckmayr 1699 neu erbaut, die Kirche selbst von Johann Matthias Krinner ab 1751 komplett umgestaltet. Heute ist sie ein einschiffiges sechsjochiges Langhaus mit einem einge-

Das Innere der Minoritenkirche.

zogenen gerade abgeschlossenen Chor. Drei seichte Nischen auf jeder Seite mildern etwas den schlauchförmigen Eindruck der frühgotischen Grundform. Johann Kaspar Modler hat 1758 den reichen Wand- und Deckenstuck beigetragen, der Hochaltar stammt von Johann Georg Übelherr, das Altarblatt mit der Verkündigung Mariae ist ein Werk Bartolomeo Altomontes. Vier der Altarblätter auf den Seitenaltären stammen von Johann Martin – dem Kremser – Schmidt, die Seitenaltäre selbst sind ebenfalls von Modler. Das Haus **Klosterstraße 7** wurde bei der Neuerrichtung des Konvents im Jahre 1674 zum Sitz der Minoriten, das Gebäude wurde 1716 von Johann Michael Prunner neu erbaut und ging nach der Aufhebung des Ordens 1785 in Landesbesitz über. Heute dient es ebenso wie das Landhaus als Sitz der Landesregierung.

☞ Die Minoritenkirche ist geöffnet: Mo–Sa 7.30–11.00, So 7.30–12.00; Juli / August / September So 7.30–16.00.

Östlich des Hauptplatzes

»Da der Hochaltar durch die oberösterreichischen Landstände beigeschafft wurde, so sieht man auch oberhalb dem Hauptbilde des Hochaltares das Wapen des Erzherzogthums Oesterreich ob der Enns.«
[Benedikt Pillwein über den Alten Dom, 1824]

Verläßt man den Hauptplatz an seiner Südostecke, so gelangt man in die Domgasse und steht vor der enormen Baumasse des **Alten Domes**. Die Jesuitenkirche (hl. Ignatius) und das dahinterliegende ehemalige Jesuitenkollegium, heute Postdirektion, bilden eine bauliche Einheit. Nach längeren Mühen hatten die 1600 nach Linz gekommenen Jesuiten endlich ein Grundstück in der Nähe des Hauptplatzes erwerben können (wenn auch nicht – wie ihr eigentlicher Wunsch war – am Platz selbst), und 1669 wurde der Grundstein für ihre Kirche gelegt. 1674 war der Rohbau vollendet, 1676 die Stuckierung, und 1678 wurde die Kirche geweiht. 1773 wurden die Jesuiten formell aufgehoben, zwölf Jahre später wurde die Aufhebung durchgesetzt, und die Kirche stand daraufhin leer. Als Kaiser Joseph II. gleichsam im Handstreich einen Bischof für Linz ernannte (was vom Vatikan *post factum* zur Kenntnis genommen und genehmigt werden mußte), wählte dieser statt der ihm vom Kaiser zugeteilten Stadtpfarrkirche die ungenützte Jesuitenkirche als seinen Sitz. Die Kirche blieb bis 1909 Domkirche von Linz und heißt seither allgemein »Alter Dom«.
Architekt der Kirche war höchstwahrscheinlich Pietro Francesco Carlone. Von der Domgasse aus kann man die wuchtige zweitürmige Schauseite gar nicht überblicken, denn die Kirche ist in ihrer ganzen Gestaltung darauf ausgelegt, ihre Wirkung auf den Hauptplatz hin zu entfalten. Und bei flüchtiger Betrachtung von der Brückenseite des Platzes her hat man tatsächlich den Eindruck, die Kirche stünde am Platz und nicht eine Häuserzeile dahinter. Die beiden Turmhauben ersetzen seit 1805 frühere Zwiebelhelme. Über dem Hauptportal ist eine Marmorstatue der Maria Immaculata aus der Erbauungszeit zu sehen, auf dem Dachgiebel eine Kolossalstatue des hl. Ignatius und in Nischen darunter Steinstatuen des hl. Franz Xaver (links) und des hl. Franz Borgia.
Das Innere des einschiffigen Langhauses mit dem eingezogenen zweijochigen Chor besticht durch seine festliche Ausstrahlung – ein Barockbau voller Ernst und Feierlichkeit, keineswegs mit jenem Pomp, der im österreichischen Barock so häufig zu finden ist. Blickfang ist der Marmorhochaltar von Giovanni Battista Colomba und Giovanni Battista Barberini – die Jesuitenkirche ist die »italienischste« unter den an Werken italienischer Künstler reichen Linzer Kirchen. Der Altar wird flankiert von Stuckdraperien, die ebenso wie der Deckenstuck in hellen Farben, dazu in Brauntönen gehalten sind. Die Stukkateure waren Johann Peter Spaz und Giovanni Battista Mazza. Das ursprüngliche Hochaltarblatt (hl. Ignatius) ist verschollen, das heutige Gemälde von Antonio Bellucci stellt eine Himmelfahrt Mariens dar. Das Oberbild der Dreifaltigkeit wurde wahrscheinlich von Andrea Celesti geschaffen. Obwohl nicht für den Alten Dom gemacht, fügt sich auch das

Der Alte Dom von innen.

Blick vom Turm der Stadtpfarrkirche auf die Pfarrgasse und den Alten Dom, rechts der Landhausturm. Das Türmchen im Hintergrund gehört zur Kapuzinerkirche, und zwischen den Türmen des Alten Doms ist die Spitze des Neuen Doms sichtbar. Postkarte nach der Jahrhundertwende.

Chorgestühl in die harmonische Gesamtstimmung ein, es stammt aus der Stiftskirche Garsten und wurde 1633 von Michael Obermüller hergestellt. Wuchtig wirkt die in Schwarz und Gold gehaltene Kanzel (vor 1678) mit ihrem hohen Schalldeckel, der von einer Holzstatue Johannes des Täufers bekrönt wird.

Auf der Orgelempore steht ein besonderes Kleinod: die Bruckner-Orgel von Franz Xaver Krismann, gebaut für das Stift Engelszell, die 1789 nach der Aufhebung des Stiftes hierher gebracht wurde. In dieser Kirche und an dieser Orgel war Anton Bruckner 1856–68 Domorganist (neben seinen Pflichten als Stadtpfarrorganist), und es ist ein besonderer Genuß, ein Orgelstück Bruckners auf *seiner* Orgel zu hören. Im Alten Dom finden auch regelmäßige Kirchenmusikkonzerte statt.

☞ Zur Besichtigung betritt man den Alten Dom von der linken Langhausseite, da das mit Säulen geschmückte Hauptportal zumeist geschlossen ist. Öffnungszeiten des Alten Doms: 7.00–12.00 und 15.00–19.00.

Gegenüber dem Seiteneingang des Alten Doms, in der Domgasse 12, befindet sich das Gebäude der Volkskreditbank, das ehemalige **Jesuitenseminar.** Das Gebäude, vor 1684 aus zwei Häusern zusammengelegt und umgestaltet, zeigt eine reich gegliederte Pilasterordnung mit Dreiecks- und Segmentgiebeln ganz im Stil der Architektenfamilie Carlone.

Hinter der Kirche schließt sich das **Jesuitenkolleg** an, das 1652 im Osttrakt begonnen wurde, der Westtrakt wurde 1732 von J. M. Prunner erbaut. Nach der Aufhebung des Kollegs diente das Gebäude zunächst als Kaserne, ab

1879 wurde es Postdirektion. Ein interessantes Beispiel für die Architektur des 20. Jahrhunderts ist die bauliche Erweiterung und Umgestaltung an der Ecke zum Pfarrplatz, wo es dem Linzer Architekten Julius Schulte 1922 gelungen ist, einen sanften Übergang vom barocken rustizierten Sockel unten bis hin zu einer expressionistischen Gestaltung des obersten Stockes zu erreichen.

Beachtenswert ist auch das **Mondseer Stiftshaus** an der Ecke Domgasse / Pfarrgasse. Die heutige Fassade wurde von J. M. Prunner 1729 mit einem reich verzierten Portal zur Pfarrgasse und dem Eckrondell auf muschelförmigen Erkersteinen in der Kurve der Domgasse versehen. Die stuckierte Himmelfahrt Mariae an der Ecke Domgasse / Pfarrgasse stammt von Karl Sterrer (1868).

Am Chorhaupt der Stadtpfarrkirche befindet sich diese Nische mit einer Johannes-Nepomuk-Statue von Georg Raphael Donner.
Aufnahme von 1910.

Domgasse und Pfarrgasse münden in den **Pfarrplatz**, der von der **Stadtpfarrkirche** dominiert wird, soweit nicht die Rathausbaustelle den Blick beeinträchtigt. Im Jahre 1286 wurde die Stadtpfarre von der Martinskirche beim Schloß in die Stadtpfarrkirche verlegt, die sich damals – es war die Zeit der Stadterweiterung durch den Hauptplatz – inmitten des Friedhofs außerhalb des eigentlichen Stadtbereichs befand. Man sieht es der Kirche nicht an, daß sie einst eine spätromanische dreischiffige Basilika war. Um 1490 wurde vermutlich der heutige Chor errichtet, auch unter dem Turm in der Eingangshalle kann man noch gotische Kreuzrippengewölbe sehen. In seiner Stadtansicht von 1594 zeigt Lukas Valckenborgh die Pfarrkirche noch mit ihren niedrigen romanischen Seitenschiffen. 1684 wurde das dreischiffige Langhaus mit den beiden niedrigeren Seitenschiffen völlig neu aufgebaut und 1656 die Kirche (Mariae Himmelfahrt) geweiht. Der Turm stammt aus dem Jahr 1453, er wurde 1581 aufgestockt und mit einer Galerie versehen. Der heutige Turmhelm wurde 1818 aufgesetzt.

Im Inneren ist die Kirche beeindruckend durch ihre Proportionen: Das vierjochige Langhaus wird von den beiden Seitenschiffen flankiert, die ihrerseits durch zwei Kapellen beidseits des Turms verlängert werden, sodaß der Innenraum fast quadratisch ist. Der Hochaltar stammt von Matthias Ludwig Krinner und Johann Kaspar Modler (1771), das Altarbild der Himmelfahrt Mariae wurde 1695 von Carl v. Reslfeld gemalt. Das Deckenfresko im Chor – der Triumph der Religion – ist ein Werk des Bartolomeo Altomonte.

Am 24. August 1493 wurden hier im Chor feierlich die Eingeweide und das Herz Kaiser Friedrich III. beigesetzt (der Körper ruht in Wiener Neustadt). In der rechten Chorwand ist ein aus rotem Marmor gehauener Wappenstein eingelassen, der die lateinische Inschrift trägt: »In dieser Urne ruhen Kaiser Friedrichs Eingeweide und auch sein Herz, das 50 Jahre lang das Heilige Römische Reich beherrschte, allzeit den Frieden liebend. Er lebte 78 Jahre, 1 Monat und 2 Tage und schied aus dem Zeitlichen im Jahre des Heils 1093 [= 1493, hier fehlen 4 C!], den 24. August.« Die untere Hälfte des Steines zeigt die Wappen Friedrichs: in der Mitte das Kaiserwappen, daneben der österreichische Bindenschild, das Wappen Niederösterreichs und (unten) das Habsburg-Wappen. Im umlaufenden Wappenkranz im Uhrzeigersinn: Kärnten, Oberösterreich, Pfirt, Krain, Ober-Elsaß, Burgau, ein Adlerschild, Steiermark, Kyburg, Tirol, Portenau, Windische Mark und Ungarn. Der Wappenstein ist ein schönes Beispiel der Steinmetzkunst um 1500 und wegen seines Aufstellungsortes immer geschützt gewesen – deshalb ist er besonders gut erhalten.

Der marmorne Wappenstein Friedrichs III. im Chor der Stadtpfarrkirche.

Einen Blick sollte man auch noch auf den Floriansaltar im südlichen Seitenschiff werfen. Hier ist auf dem Hintergrundbild eine recht hübsche Ansicht von Linz dargestellt, das Gemälde ist eine spätere Kopie des Originals aus dem 18. Jahrhundert.
Auf der Portalseite der Kirche erinnert ein Reliefstein daran, daß Anton Bruckner 1855–1868 hier Organist war. An der Chorwand in einer Marmornische (von Lukas von Hildebrandt) eine Johannes-Nepomuk-Statue von Georg Raphael Donner (1727).

☞ Das Hauptportal der Stadtpfarrkirche ist nur bei besonderen Anlässen geöffnet, man betritt sie durch den linken Seiteneingang. Öffnungszeiten der Stadtpfarrkirche: Mo–Sa 8.00–19.00, So 9.00–19.00.

Im Norden des Platzes liegt der Pfarrhof, als solcher nicht weiter bedeutend, aber dort ist der Überlieferung nach der Geburtsort einer der berühmtesten Linzerinnen: Im »Musikantenstöckl«, dem Hause der »Stadtthürnermeister« (Türmer und Stadtmusikanten), wurde am 20. November 1784 Marianne Jung geboren. Als Goethes »Suleika« hat die spätere Frau von Willemer entscheidend zu seinem »West-Östlichen Diwan« beigetragen.
In der **Rathausgasse** steht auf Nr. 5 das sogenannte **Keplerhaus.** In diesem Hause wohnte Johannes Kepler, der seit 1612 in Linz lebte, von 1622 bis zu seiner Abreise 1626. Hier vollendete er sein Hauptwerk, die Rudolphinischen Tafeln. Gegenüber liegt das **Garstener Stiftshaus** (Rathausgasse 8 / Pfarrplatz 17). Dieses Gebäude wurde im 17. Jahrhundert errichtet und 1695 mit einem Neubau auf dem Pfarrplatz verbunden (dort ein interessantes Korbbogenportal mit Ohren). Der verbindende Innenhof ist mit schönen zweiseitigen, dreigeschossigen Arkaden ausgestattet, die ebenso wie die beiden Gebäude im Zuge der Sanierung des Rathausgevierts derzeit umfassend renoviert werden. Und mit nur wenigen Schritten gelangt man zurück auf den Hauptplatz, den Ausgangspunkt dieses Rundgangs.

Schloßberg und Römerberg

»Linz liegt in einer sehr romantischen Gegend.
Auf einem hohen Berge liegt ein schönes Schloss,
welches mir aber die Zeit nicht erlaubte zu besehn.«
[Johann David Scholtz, 1809]

Manch einem Linz-Besucher wird die Zeit ebenfalls nicht erlauben, das Schloß (und seine musealen Sammlungen) zu besehn, aber ein Spaziergang zum und um das Schloß ist besonders bei schönem Wetter schon allein wegen der Aussicht lohnend.
Das Stadtbild von Linz wird von der strengen, ruhigen Masse des Linzer Schlosses beherrscht, und besonders wenn man – die Donau herab – die Stadt von Westen erreicht, vermittelt der Schloßberg als letzte Anhöhe des Donaudurchbruches vor der Weite des Linzer Beckens einen Eindruck von Größe, der weit über seine tatsächliche Höhe hinausgeht.

Das Hauptportal des Schlosses.

Das **Schloß** bei der Martinskirche wird 799 erstmals urkundlich erwähnt, über die genaue Lage dieses möglicherweise nicht einmal ersten *castrum* ist nichts bekannt. Auch von der mittelalterlichen Befestigung, die nach den wenigen erhaltenen Ansichten viel mehr Burgcharakter hatte als der heute sichtbare Vierkanter, ist außer den westlichen Vorwerken samt dem Friedrichstor nichts mehr erhalten. Diese Burg wurde ab 1477 von Kaiser Friedrich III. ausgebaut und diente ihm auch während seines Linzer Aufenthaltes als Wohnung. Ab 1582 wohnte Erzherzog Matthias (Bruder und Nachfolger Kaiser Rudolfs II.) in Linz. Unter seiner Ägide wurde die alte Burg mit Bergfried und Palas abgetragen und das Schloß ab 1599 auf Anordnung Rudolfs II. nach Plänen des Niederländers Anton Muys in die einfache rechteckige Form um zwei Innenhöfe gebracht, die bis auf den fehlenden Südflügel in ihrer Grundstruktur heute noch sichtbar ist.
Am 15. August 1800 brach im damals als Lazarett dienenden Schloß einer der verheerendsten Brände der Linzer Geschichte aus und vernichtete den Südflügel und den die beiden Höfe trennenden Mitteltrakt mit der Kapelle und dem Turm. Südteil und Turm wurden nicht wieder aufgebaut. Ab 1953 wurde das Schloß samt seiner riesigen Dachfläche vollständig renoviert, und seit 1960 fanden die kulturgeschichtlichen Sammlungen des Landesmuseums hier ihre Heimat. Das Schloßmuseum gilt als das schönste österreichische Provinzmuseum – ein Besuch lohnt sich auf jeden Fall.
Betrachtet man das Schloß von der Donau, so fallen die Unregelmäßigkeiten in den Fensterabständen des ansonsten so klar gegliederten Baus auf, der als eines der Hauptwerke des Manierismus in Österreich gilt – der Architekt hat die noch vorhandenen Bauteile der alten Burg in den Umbau mit einbezogen. Das Hauptportal des Schlosses erreicht man am einfachsten vom Hauptplatz aus durch die Hofgasse, die in ihrem hinteren Teil steil zum Schloß hin ansteigt. Bemerkenswert ist, daß auch das Haupttor – so prächtig es mit seiner Rustikaumrahmung und dem Wappenstein ist – keineswegs eine richtige Schauseite abgibt: Angesichts der großen Baumasse fehlte auf der Stadtseite des Hügels der nötige Platz, um einen dem Rang des Schlosses adäquaten Schloßplatz anzulegen. Im ersten Hof rechts ist der Zugang zum Schloßmuseum. Hat man das Schloß durchquert, erreicht man den in den fünfziger Jahren angelegten Schloßgarten. Nach Westen wird dieser durch die Reste der alten Befestigungen abgeschlossen, und hier ist das bedeutendste Bauwerk wohl das **Friedrichstor**. Auf dem kleinen Pecherker an seiner Außenseite ist ein Wappenstein Friedrichs III. aus dem Jahre 1481

angebracht, der neben den Wappen des Kaisers auch seinen Wahlspruch **A.E.I.O.U.** aufweist.

Es ist bis heute unklar, was sich hinter diesen fünf Buchstaben verbirgt. Eine populäre Umschreibung lautet »Alles Erdreich ist Österreich untertan«, was eine Übertragung des von Friedrich handschriftlich festgehaltenen Satzes »Austriae est imperare orbi universo« darstellt, aber in so unmittelbarer Form kaum zu Friedrich und seiner Zeit paßt. Das lateinische »Austria erit in orbe ultima« pflegen respektlose Zeitgenossen mit »Österreich ist auf der Welt das Allerletzte« zu übersetzen. Das Vertrauen darauf, daß Österreich auf dieser Welt alles überleben würde, paßt eigentlich auch ganz gut zur Person Friedrichs, der so gerne den Künsten gelebt hätte, und dem die Zeitläufte so gar nicht vergönnt haben, seinen Leidenschaften zu frönen...

Die Martinskirche.

Als letztes Vorwerk steht an der steilen Römerstraße der sogenannte **Trutzbauer**, um den in den Bauernkriegen schwere Kämpfe stattfanden. Auf dem Plateau des Römerberges noch ein paar Meter die Römerstraße entlang erreicht man die unauffällige kleine **Martinskirche**. Sie geht auf eine im frühen 8. Jahrhundert erbaute offene Arkadenhalle zurück, die vor 788 zur Kirche umgewandelt wurde. Dies ist jener Kirchenbau, den Karl der Große 799 samt Schloß und Zubehör seinem Schwager Gerold überantwortete, wie die erhaltene Urkunde ausführt. Die Kirche verlor an Bedeutung, als 1286 die Stadtpfarre in die damals neue Stadtpfarrkirche verlegt wurde. Dennoch sind die Linzer recht stolz darauf, die älteste noch »in Betrieb« befindliche Kirche Österreichs zu haben.
Rund um die Kirche ist im Boden der Grundriß des karolingischen Zentralbaus ausgelegt, wie er bei der Restaurierung und den Grabungen 1947/48 zutage gebracht wurde. Heute stellt sich die Martinskirche als einschiffiges Langhaus mit gotischen Türöffnungen und Rundfenstern dar. Als Baumaterialien wurden bei der Vermauerung der seitlichen Durchgänge antike Steinfragmente – teilweise noch mit Inschriften – verwendet. Der Ostabschluß wurde beim Bau des kreuzrippengewölbten gotischen Chores unter Friedrich III. abgetragen, die Westfassade wurde in der 2. Hälfte des 16. Jahrhunderts erneuert. Im Inneren links in einer Nische ein Fresko von 1440, eine Kopie des Volto-Santo-Bildes von Lucca, am Triumphbogen ein Muttergottes-Fresko etwa aus derselben Zeit.
Hinter der Martinskirche schließt sich eine Zeile von hübschen kleinen Vorstadthäusern an, die Römerstraße führt weiter auf den Freinberg, von wo man einen wunderschönen Ausblick über die Stadt hat.
Zwischen Schloß und Martinskirche führt ein beschilderter Weg zum **Donaublick**. Diesen kurzen Abstecher sollte man sich auf jeden Fall gönnen – von

Die Redoutensäle und das Landestheater von der Promenade aus. Heute wäre diese um 1900 entstandene Ansicht so nicht mehr möglich – die kleinen Bäumchen sind mittlerweile zu stattlichen Riesen herangewachsen.

keinem anderen Punkt in der Stadt hat man eine so schöne Aussicht auf Urfahr und auf die Donau von ihrem Durchbruch im Westen bis zum Donauknie im Osten. Links des Weges steht in einem frühbarocken Gartenpavillon aus dem Schlägler Haus an der Landstraße (von Francesco Canevale, 1646) ein Standbild Johannes Keplers. Es entstand als Abguß einer Holzplastik, die der Bildhauer Sebastian Remele 1780 für die Sternwarte in Kremsmünster geschaffen hat.

Man kann nun vom Aussichtspunkt den Weg durch den Schloßgarten und das Friedrichstor zurück in die Altstadt nehmen (und etwa unterwegs das Schloßcafé besuchen), kehrt man aber zurück zum Trutzbauer und folgt der steilen Römerstraße in die Stadt hinunter, so gelangt man zum **Landestheater.** 1644 schenkte Ferdinand III. den Landständen den Mautgarten am Fuße des Schloßberges. Auf diesem Areal wurde die 1909 abgetragene ständische Reitschule erbaut. 1695/96 wurde nach Plänen von Carlo Antonio Carlone hier auch das ständische Ballhaus errichtet, das durch Johann Baptist Gangl 1773 aufgestockt wurde. An dieses Gebäude (Redoutensäle) wurde 1802/03 das Landständische Theater angebaut, damals erhielt das ganze Ensemble auch seine Empirefassade. Der Zuschauerraum des Theaters wurde 1957/58 nach Entwürfen von Clemens Holzmeister erneuert, von ihm stammt auch der Anbau der Kammerspiele.

Durch die Theatergasse gelangt man wieder in die Altstadt, geht man hingegen durch die **Tummelplatz** genannte Gasse (benannt nach dem Sattelplatz für die Pferde, zu Füßen des Schlosses), so erreicht man beim Waaghaus wieder den Alten Markt.

An der Donaulände

»Linz liegt, und darin war es Wien schon immer überlegen, wirklich an der Donau, auch drüben ist Linz...«
[Hans Weigel]

Die Donaulände war bis Ende des 19. Jahrhunderts *die* Anlegestelle der Schiffe in Linz. Nicht nur die Passagierdampfer machten hier fest, auch Fracht wurde hier umgeschlagen. Mit dem Bau der eisernen Brücke über die Donau und der Trockenlegung der »Ludl« (einem bachähnlichen Nebenarm der Donau) im Zuge der Flußregulierung begann die Lände ihre Bedeutung zu verlieren, und als Mitte dieses Jahrhunderts der Hafen ausgebaut wurde, verlagerte sich der Frachtverkehr in den Osten der Stadt. Einzig die Passagierschiffahrt legt noch immer an der Donaulände an, aber auch sie hat an Bedeutung stark verloren: Die Donaudampfer sind kein *Verkehrsmittel* mehr, das dazu dient, Personen rasch von hier nach dort zu bringen – heute dienen die Dampfer dem Vergnügen all jener, die genügend Zeit und Muße aufbringen, eine der schönsten Landschaften Mitteleuropas vom Wasser aus zu erkunden. Und es besteht kein Zweifel, daß die Anreise mit dem Schiff – besonders von Passau herunter – einen auf die schönste Weise in das Herz der Stadt bringt.

Die Donaulände erreicht man vom Hauptplatz am besten, indem man durch das östliche Brückenkopfgebäude geht und die »Untere Donaulände« genannte Straße auf der Fußgängerbrücke überquert.

An der Stelle, an der heute das aus der Nachkriegszeit stammende Generali-Haus steht, befand sich früher das Hotel »Zum Erzherzog Karl«, *das* Hotel am Platze. Monarchen, Fürsten, Politiker aller Länder stiegen dort ab. Gegenüber, am Adalbert-Stifter-Platz, liegt das **Adalbert-Stifter-Haus**. Schon von außen ist das Wohn- und Sterbehaus des Dichters an der Gedenktafel kenntlich. Das Haus selbst ist in den letzten Jahren grundlegend renoviert worden und beherbergt neben dem Adalbert-Stifter-Institut des Landes Oberösterreich (mit einer umfassenden Bibliothek Stifterscher Werke in Ausgaben aus aller Welt) auch eine kleine Gedenkausstellung in den ehemaligen Wohnräumen Stifters.

Das graublau gestreifte Gebäude hinter dem Stifterhaus ist das ehemalige **Hauptzollamt**, heute Sitz der Finanzdirektion. 1857/58 von Paul Sprenger in »Renaissance«-Formen erbaut, ist es ein schönes Beispiel der gründerzeitlichen Architektur der öffentlichen Hand – ein k.k. Zollgebäude in Triest oder in Czernowitz aus dieser Zeit würde genauso aussehen.

Von der Schiffsanlegestelle nach Osten zieht sich bis unter die Eisenbahnbrücke der **Donaupark** hin. Er ist eines der liebsten Spaziergebiete der Linzer, besonders der Hundefreunde. Der Donaupark wird durch die Dr.-Ernst-Koref-Promenade erschlossen, die auf dem Hochwasserdamm verläuft und nach dem ersten Nachkriegsbürgermeister benannt ist. Die weite ebene Fläche vor dem Damm ist der Aufstellungsort des »Forum Metall«. Die Metallplastiken, die hier anläßlich der gleichnamigen Ausstellung in den siebziger Jahren der Öffentlichkeit präsentiert wurden, sorgten jahrelang für Gesprächs-

stoff in der Stadt – manche Leute fanden, die »rostigen Schrotthaufen« verschandelten die Donaulände, andere wiederum unterstützten die Idee, durch zeitgenössische Kunstwerke die Stahlstadt Linz zu präsentieren. Heute sind die teilweise recht skurrilen Objekte längst anerkannt und in das Stadtbild integriert – wie sehr, erkennt man daran, daß sie an schönen Sommertagen teilweise als Klettergerüste und Sonnenliegen benützt werden…
Mittelpunkt des Donauparks ist das **Brucknerhaus**. Es wurde vom finnischen Architekten Heikki Siren entworfen und 1974 eröffnet. Eine Zeitschrift berichtete 1970 über das Projekt mit der Titelzeile: »Linz baut die Linzer Torte aus Stahl und Glas«. Und wirklich hat das außen mit eloxiertem Metall verkleidete Gebäude mit seiner gebogenen Glasfassade zur Donau fast die Form eines Tortenstücks – eine zweckmäßige Form, die dem großen Foyer mit seiner Aussicht auf die Flußlandschaft ein unverwechselbares Gepräge gibt. Im Inneren ist das als Konzerthaus und Veranstaltungszentrum konzipierte Brucknerhaus mit drei Sälen ausgestattet: Der Brucknersaal als größter faßt bis zu 1500 Menschen und ist international für seine Akustik berühmt. Der Stiftersaal bietet rund 350 Sitzplätze und ist ebenfalls für Konzerte geeignet, während der Keplersaal bis zu 170 Personen faßt und als Tagungs- und Konferenzraum ausgelegt ist.

Ein Kuriosum dieses Hauses ist die Tatsache, daß an der Außen- wie Innengestaltung nichts ohne Zustimmung des Architekten verändert werden darf. Heikki Siren kommt regelmäßig unangemeldet nach Linz, um sich »sein« Brucknerhaus anzusehen. Als vor einigen Jahren gerade eine Linzer Fremdenführerin ihren Gästen im Brucknerhaus von diesen Besuchen erzählte, meldete sich ein älterer Herr zu Wort, der sich unauffällig der Gästegruppe beigesellt hatte, und meinte, dies sei ganz richtig, und der Herr Siren sei er selbst…

Das Brucknerhaus ist in den zwei Jahrzehnten seines Bestehens zu einem weltweit renommierten Konzerthaus geworden, Karajan, Bernstein, Böhm, Maazel und viele andere Große haben hier dirigiert, die bedeutendsten Orchester der Welt gaben und geben hier Konzerte. Herausragendste Veranstaltungen sind sicherlich das Internationale Brucknerfest im Herbst, die Ars Electronica im Juni und die Linzer Klangwolke im September.
Bei der Klangwolke wird der gesamte Donaupark rund um das Brucknerhaus zum Konzertsaal: Über eine riesige Tonanlage wird das erste Konzert des Brucknerfestes ins Freie übertragen, und bis zu hunderttausend Menschen genießen in entspannter Atmosphäre das größte Konzert Österreichs.
Gegenüber dem Haupteingang des Brucknerhauses, neben dem Hotelbau, liegt das **Parkbad**. Es ist ein Musterbeispiel für die Architektur kommunaler Bauten in der Zwischenkriegszeit. Das Parkbad wurde 1929/30 von Kurt Kühne erbaut und mehrmals erweitert.
Folgt man vom Brucknerhaus weiter der Koref-Promenade, so erreicht man nach wenigen Metern den Konzertpavillon im Donaupark, der im Sommer vor allem für Blasmusikkonzerte Raum bietet. Die Promenade führt nun an der Hinterseite des Parkbades entlang, vorbei am Pionierdenkmal und am hinter dem Damm versteckten ehemaligen Bahnhof Donaulände zur **Eisenbahnbrücke**.
Diese Brücke, Ende des vergangenen Jahrhunderts errichtet, ist eine kombinierte Eisenbahn- und Straßenbrücke, die die Mühlkreisbahn an die Westbahn anbindet. Sie ist längst zu klein geworden für den dichten Autoverkehr

Das Brucknerhaus an der Donaulände.

in der Stadt, der sich auch noch durch die wenigen Zugfahrten gestört fühlt, bei denen die Brücke gesperrt wird. Ihre Zukunft ist ungewiß: Als technisches Denkmal sollte sie wohl erhalten bleiben, andererseits wäre ein zeitgemäßer Ersatz nötig, auch weil das Material der genieteten Eisenbrücke schon Ermüdungserscheinungen zeigt und dem Zug- wie Straßenverkehr wohl nicht mehr allzulange gewachsen sein wird…

Ein Industriegleis führt bei der Eisenbahnbrücke zur **Tabakfabrik**. Sie wurde 1929–35 nach Entwürfen von Peter Behrens und Alexander Popp auf dem Areal der ehemaligen Wollzeugfabrik des Christian Sint gebaut und ist ein Meisterwerk der Industriearchitektur des 20. Jahrhunderts. Das Terracotta-Relief von Wilhelm Fraß beim Haupteingang zeigt die alte und die neue Tabakfabrik, die Mosaikuhr stammt von Karl Hauk. Wer die Eleganz des Behrens'schen Stahlskelettbaues weiter bewundern will, geht rechts um die Fabrikanlage herum, in der Ludlgasse zeigt sich die gekrümmte Fassade in ihrer vollen Schönheit.

Nach Osten führt die Hafenstraße als Verlängerung der Unteren Donaulände zur Schiffswerft und in das Hafenareal – Linz ist der größte Hafen Österreichs –, an dieser Stelle sollte man jedoch wieder Richtung Zentrum zurückgehen. Gegenüber der Tabakfabrik steht die Eishalle der Stadt, eine Erweiterung des Parkbades, das im Winter sinnigerweise ebenfalls als Eisfläche dient. Südlich der Straße, dort, wo heute das Bürogebäude eines Computerkonzerns steht, befand sich der Hauptbau der Wollzeugfabrik, ein barockes Industriegebäude, das – aus heutiger Sicht unverständlicherweise – 1969/70 abgeris-

Wie sich die Bilder gleichen... Die Aufnahme oben entstand um 1878, noch vor der Pflasterung der Landstraße und vor der ersten Straßenbahn. Über ein Jahrhundert später verdeckt zwar der deutlich erkennbare Anbau des markanten gründerzeitlichen Gebäudes ein wenig die Fassade des Alten Doms, aber der Gesamteindruck wird kaum verändert.

sen wurde. Überquert man die Untere Donaulände auf der Höhe des Gebäudes der Oberbank, so gelangt man hinter dem Bankgebäude in die Fabrikstraße und zum Prunerstift.

Das **Prunerstift** wurde vom Linzer Kaufherrn und Bürgermeister Johann Adam Pruner gestiftet und 1737–1740 vermutlich von Johann Haslinger erbaut. Die Fassade wird von drei Risaliten gegliedert, das barocke Portal ist mit dem Wappen der Familie Pruner geschmückt und führte einst unmittelbar zur anschließenden Kirche. Diese ist ein quadratischer Zentralraum mit abgerundeten Ecken und einer flachen Kuppel mit einem Fresko der Himmelfahrt Mariens. Das ehemalige Stift wird seit seiner Renovierung als Musikschule der Stadt Linz genützt.

Folgt man der Fabrikstraße weiter, so erreicht man die Rechte Donaustraße auf der Rückseite des alten Zollamtes, von wo man mit wenigen Schritten über den Adalbert-Stifter-Platz und die Adlergasse wieder zum Hauptplatz gelangt.

Vom Hauptplatz zum Neuen Dom

»Die Promenade dehnt sich an den beiden äußeren Seiten des Landhauses aus. Dieser Platz ist ziemlich lang und breit, und mit 4 Reihen Platanen bepflanzt, wo man beinahe mitten in der Stadt das lieblichste Grün genießt. Mehrere Bänke und ein hölzerner Pavillon machen diesen angenehmen Platz zur Unterhaltung noch bequemer.«
[Benedikt Pillwein, 1824]

Verläßt man den Hauptplatz nach Süden durch die enge **Schmidtorstraße**, gelangt man nach wenigen Schritten auf den **Taubenmarkt**, eine dreieckige Erweiterung der **Landstraße**, die als Hauptachse die Stadt nach Süden durchzieht. Der Taubenmarkt liegt bereits außerhalb der historischen Stadtmauern, die (Alt-)Stadt wurde bis zu dessen Abriß 1828 vom Schmidtor nach Süden begrenzt. Die Querstraße am Taubenmarkt heißt nach Osten »Graben«, der Name weist darauf hin, daß hier der ehemalige Stadtgraben verlief. Westwärts, dem Landhause und dem Theater zu, schließt sich die »Promenade« an, ebenfalls einstmals Teil der Stadtbefestigung und jener Wälle, die schon Ende des 18. Jahrhunderts mit Bäumen bepflanzt wurden.

Taubenmarkt und Landstraße unterscheiden sich im Charakter der Bebauung wesentlich von der Altstadt: Während dort die schmalen, dreiachsigen Häuser dominieren und breitere Bauten nur aus der Zusammenlegung und Umgestaltung vorhandener Substanz entstanden, wurde hier, außerhalb der Mauern, bereits im frühen 17. Jahrhundert recht großzügig geplant. Platz war ja vorhanden, und so wurde nicht so sehr in die Tiefe, sondern mehr in die Breite gebaut.

Die Landstraße weist insgesamt ein recht geschlossenes Erscheinungsbild auf, einige der gröbsten Bausünden der Jahre des Wiederaufbaues wurden in den letzten zwei Jahrzehnten nach und nach beseitigt, und weitere Umbauten werden wohl noch folgen. Das erste bemerkenswerte Gebäude ist das **Freihaus Weißenwolff** (Landstraße 12), das 1715 begonnen und wahrscheinlich von J. M. Prunner erbaut wurde. Das von zwei Atlanten gebildete Eingangsportal unter der reich stuckierten Fassade führt heute in die **Taubenmarktarkade**, einen modernen Innenhofausbau, der die Landstraße mit der Promenade und der Spittelwiese verbindet. Gleich daneben ist das Haus **Landstraße 14** ein Beispiel für die gelungene Revitalisierung alter Bausubstanz: Das Haus wurde 1612 erstmals erwähnt und vermutlich 1658 neu erbaut. Das fünfachsige Gebäude zeichnet sich durch eine mit reichem Stuck aus der Entstehungszeit versehene Fenstergestaltung in den Obergeschossen aus, während die beiden Untergeschosse seit 1858 mehrmals umgebaut wurden. Sie dienten als Geschäftsräume und wurden dem jeweiligen Zeitgeist angepaßt. Als im Zuge des Ausbaus der Arkade auch eine Renovierung dieses Hauses anstand, wurde versucht, die Formen der zusammengelegten Untergeschosse den Nachbargebäuden und der historischen Bausubstanz anzugleichen. Nun liegt das heutige Niveau der Landstraße gegenüber der Erbauungszeit all dieser Häuser um fast einen Meter höher – die ursprünglichen Proportionen ließen sich also nicht wiederherstellen. Während aber beim Palais Weißenwolff einfach die Stufen vor dem Eingang entfallen sind, mußte bei der Neugestaltung der Fassade des Nachbarhauses auf andere Mittel zurückgegriffen werden. Der Architekt Mag. Haas hat ein zeitgemäßes Portal geschaffen, das die ursprüngliche Rustizierung wieder aufgreift und vergessen macht, daß hier zwei Geschosse zu eineinhalb zusammengefaßt wurden – ein typisches Beispiel für die Bemühungen der Stadt, ihr historisches Antlitz zu wahren und zu restaurieren, ohne dabei in einen übertriebenen Historismus zu verfallen.

Bemerkenswert ist auch der sogenannte »Winklerbau« Ecke Landstraße / Bethlehemstraße aus der Zwischenkriegszeit. Neben der klaren architektonischen Gestaltung sollte man auch die Gedenktafel für die Aufenthalte Franz Schuberts beachten, der mehrmals in Linz bei seinem Freunde Graf Spaun zu Gast war.

Die **Bethlehemstraße** führt zum ehemaligen **Collegium Nordico**, dem heutigen Museum der Stadt Linz. Es wurde 1607–14 von Francesco Silva als Kremsmünsterer Stiftshaus erbaut und diente ab 1710 als Konvikt für die aus Nordeuropa stammenden Zöglinge der Jesuiten. Seit 1973 ist in diesen Räumlichkeiten das Stadtmuseum untergebracht, das hier den passenden Rahmen für seine umfangreichen stadtgeschichtlichen Sammlungen gefunden hat. Wenige Meter weiter steht – verschwindend neben der Baumasse

Das ehemalige Nordische Stift – »Collegium Nordico« –, heute Museum der Stadt Linz.

des Fernmeldeamtes – die neue Linzer **Synagoge**, die allerdings nicht besichtigt werden kann. Die Linzer Juden lebten bis zu ihrer fast vollzähligen Ermordung im Nationalsozialismus seit dem Mittelalter ziemlich unbehelligt in der Stadt, sie hatten im Gegensatz zu anderen Städten keine besondere wirtschaftliche Bedeutung, was ihnen auch den Neid der Mitbürger und die Pogrome ersparte, die anderswo wüteten. Derzeit hat die Kultusgemeinde knapp fünfzig Mitglieder.

In der Bethlehemstraße 23 steht die **Kirche der Elisabethinen**, die auch das angeschlossene Krankenhaus (im Volksmund »Liesln« genannt) betreiben. Die dem hl. Franciscus Seraphicus geweihte Kirche wurde 1762–68 nach Entwurf von Paul Ulrich Trientl erbaut. Die klassizistische Schauseite ist durch flache Wandpfeiler und einige Nischen gegliedert, darüber steht ein Fassadenturm mit Helm von 1833. Im Inneren ein hoher quadratischer Mittelraum mit einer kreisrunden Kuppel. Die Deckenfresken stammen von Bartolomeo Altomonte. Das anschließende Kloster und das ursprüngliche Spital wurden 1745–49 von Johann Matthias Krinner erbaut.

Zurück auf der Landstraße fallen als nächste Gebäude Kirche und ehemaliges Kloster der Ursulinen auf, der heutige **Ursulinenhof**. Die **Ursulinenkirche** zum hl. Michael wurde 1736 begonnen und 1757 geweiht. Architekt war Johann Haslinger, die geschwungene Fassade mit den Doppeltürmen mit Figurenschmuck von Franz Ignaz Mähl und Ignaz Hiebel wurde 1770–72 fertiggestellt. Im Inneren ist die einschiffige Kirche mit Plastiken von Mähl ausgestattet. Der Hochaltar stammt von Johann Matthias Krinner, das Altarblatt mit dem hl. Michael ist von Martino, die meisten Bilder der Seitenaltäre sind von Bartolomeo Altomonte.

Vater *Martino* und Sohn *Bartolomeo* Altomonte waren beide Maler und arbeiteten im allgemeinen unabhängig voneinander. Martino Altomonte stammt aus Neapel, war lange Jahre am Hofe Johann Sobieskis in Polen tätig, wo auch Bartolomeo geboren wurde. Martino kam übrigens 1720 nach Linz, wo er 1745 starb. Der zweite Sohn, *Andreas,* war kaiserlicher Theateringenieur und hat die Stiftskirche von Wilhering gestaltet.

Das anschließende Ursulinenkloster wurde 1679 gegründet und zwischen 1692 (Gartentrakt) und 1712 (Landstraßenseite) von Georg und Franz Michael Pruckmayr erbaut. 1968 verließen die Ursulinen das Kloster, das 1973 vom Land Oberösterreich gekauft wurde und zum **Landeskulturzentrum Ursulinenhof** umgestaltet wurde. In dieser Funktion ist es heute Sitz zahlreicher Künstlervereinigungen und beliebter Veranstaltungsort.
Auf der gegenüberliegenden Seite der Landstraße liegt das ehemalige Baumgartenberger Stiftshaus, der **Klosterhof** (Landstraße 30). Das Haus wurde 1626 vom Stift Baumgartenberg einem Arzte abgekauft und bis 1693 umgestaltet. 1794 ging das Stiftshaus an das Stift Kremsmünster über, dessen vormaliges Stadthaus dem neuen Bischof als Bischofssitz übergeben worden war. Bis 1928 war in diesem Haus die aus der aufgelassenen Jesuitenbibliothek hervorgegangene Studienbibliothek untergebracht, seit 1930 steht das Haus als Gaststätte in Verwendung. Besonders beliebt bei den Linzern ist der Gastgarten des Klosterhofes, der zu den schönsten und größten in der Stadt gehört.
Auf der anderen Seite der Bischofstraße steht das **Palais Mansdorff** (Landstraße 32), das nach Plänen J. M. Prunners 1720 errichtet wurde.
Die Harrachstraße trennt den Ursulinenhof von der **Karmeliterkirche**. Das hinter der Kirche liegende unauffällige Karmeliterkloster wurde 1679 begonnen, 1690 wurde auch der Grundstein für die dem hl. Joseph geweihte Kirche gelegt. 1710 war der Kirchenbau vollendet, 1722 wurde die Schauseite ergänzt, ein Jahr später der kleine Turm aufgesetzt, den man von der Landstraße nicht sehen kann. Der Architekt ist nicht bekannt, allerdings war der Linzer Hausbaumeister J. M. Prunner am Bau beteiligt. Die Schauseite ist reich gegliedert und weist einen durchgehenden Mittelrisalit auf. Neben dem eleganten Hauptportal Statuen einer hl. Theresia und eines hl. Johannes vom Kreuz, während in der Giebelnische der aus der Erbauungszeit der Kirche stammende Schutzpatron Joseph steht.
Die Kirche hat ein einschiffiges tonnengewölbtes Langhaus mit vier Jochen und seitlich je drei seichte Nischen. Die Stukkaturen stammen von Diego Francesco Carlone und Paolo d'Allio, das Altarblatt mit der Heiligen Familie von Martino Altomonte. Die Seitenaltäre sind alle mit reichem Stuck ausgestattet und stammen vermutlich ebenfalls von D. F. Carlone, das Altarblatt am Annaaltar von Carlo Carlone.

Die Carlones sorgen in Linz und Umgebung immer ein wenig für Verwirrung – es gibt etliche davon. Vater *Pietro Francesco* war der Architekt in der aus Genua stammenden Künstlerfamilie, die Söhne *Diego Francesco* und *Giovanni Battista* arbeiteten teils mit ihm, teils selbständig als Plastiker und Stukkateure, teilweise auch unter anderen Generalunternehmern wie Jakob Prandtauer. *Carlo Antonio* ist der Baumeister der zweiten Generation, ein weiterer *Carlo* tritt als Maler auf, *Bartolomeo* hingegen als Stukkateur in St. Florian und Schloß Weinberg. Überhaupt haben seit dem frühen Barock die italieni-

Rechts: Die Deutschordens- oder Seminarkirche, daneben die katholisch-theologische Hochschule.

schen Künstler im österreichischen Voralpen- und Donauraum großen Einfluß, den sie als Familien über längere Zeit wahren. Italienisch war *en vogue*, und manch einer der »Comasker«, wie sie nach ihrer zumeist oberitalienischen Heimat genannt wurden, blieb auch auf Dauer hier. Die Familie Spazio etwa wurde in Linz ansässig und deutschte ihren Namen zu »Spaz« ein, und auch die Altomontes nannten sich bei Bedarf schon einmal Hohenberg...

Ein kleines Stück die **Harrachstraße** hinein steht auf der linken Seite eine kleine, aber wunderschöne Kirche, die **Deutschordens-** oder **Seminarkirche**. Sie entstand als Kirche zur Kommende des Deutschen Ritterordens, die 1713 im danebenliegenden Haus, dem heutigen Priesterseminar, eingerichtet wurde. Die Kirche wurde 1718 begonnen und 1725 geweiht. Sie ist ein Beispiel für die Zusammenarbeit der großen »Hochbaukonzerne« der damaligen Zeit: Architekt war Lukas von Hildebrandt (beziehungsweise seine Werkstätte, heute würde man wohl »Firma« sagen), ausführender Bauunternehmer der Linzer J. M. Prunner. Die eingeschwungene Schauseite wird vom reich gegliederten Portal und dem gedrungenen Fassadenturm dominiert. Der Bau ist als längselliptischer Zentralbau mit einer Kreuzkuppel ausgeführt, der Wand- und Deckenstuck ist von Paolo d'Allio. Der Hochaltar wurde von Hildebrandt entworfen, das Altarblatt des Christus am Kreuz stammt – wie könnte es anders sein – von einem Altomonte (nämlich Martino), die Seitenaltargemälde von Joseph Schmidt. In ihrer Geschlossenheit und klaren Raumgestaltung ist die Deutschordenskirche wohl einer der schönsten Sakralbauten von Linz.

☞ Öffnungszeiten der Kirchen: Karmeliterkirche: 7.00–11.30 und 15.00–18.00; Ursulinenkirche: 8.00–18.00; Deutschordenskirche (Seminarkirche): 8.00–18.00.

Schräg gegenüber der Karmeliterkirche liegt das ehemalige Hotel Schiff, **Landstraße 36**, heute Zentralkino. Hier brachen in den Morgenstunden des 12. Februar 1934 die schweren Kämpfe aus, die bald ganz Linz und Österreich erfaßten, und die das Vordringen des Faschismus doch nicht aufhalten konnten. Im Innenhof erinnert eine Gedenktafel an die Opfer.
An der Mozartkreuzung geht es nach rechts zum alles überragenden Bauwerk der Stadt, zum **Neuen Dom.** Was aus der Ferne majestätisch und alt wirkt, entpuppt sich bei näherem Hinsehen als Werk des 19. Jahrhunderts – der Grundstein wurde erst 1862 gelegt.

Der Maria-Empfängnis-Dom wurde auf Veranlassung von Bischof Franz Josef Rudigier erbaut, aus Anlaß der Verkündigung des Dogmas von der Unbefleckten Empfängnis Mariae (1854 durch Papst Pius IX.). Und überraschend sind sowohl die Finanzierung wie die Ausmaße des Doms: Bischof Rudigier gründete einen Dombauverein, der bald an die 100.000 Mitglieder hatte, die je nach ihren Möglichkeiten einen größeren oder kleineren Beitrag leisteten – Mindestbeitrag war ein Kreuzer monatlich, der sogenannte Marienkreuzer. Aus vielen solchen Groschenbeträgen und einigen namhaften Zuwendungen wurde Österreichs größte Kirche gebaut: Der Neue Dom faßt gut 20.000 Menschen, über zwei Drittel der Einwohnerschaft der Stadt zum Zeitpunkt des Baubeginns. Die aufstrebende Provinzstadt wollte auch mit dem Turm ihre Bedeutung demonstrieren, aber gemäß dem damals gültigen Grundsatz, daß kein Gebäude in der gesamten Donaumonarchie höher sein durfte als der Turm zu St. Stephan in Wien, wurde den Linzern die Erlaubnis dazu verweigert. Weshalb denn auch der Turm des Linzer Doms mit 135 Metern einen ganzen Meter niedriger blieb als der Stephansturm...

Architekt des Doms und erster Dombaumeister war Vinzenz Statz, ein anerkannter Experte der mittelalterlichen Baukunst und Dombaumeister am Kölner Dom. Er hat für Linz einen Sandsteinbau ganz im Stil der Hochgotik entworfen, eine dreischiffige Basilika mit gleichhohem Querschiff, einem Chorumgang mit Kapellen und einem mächtigen Fassadenturm. Bemerkenswert am Neuen Dom sind die Glasfenster, die nach alten Techniken zwischen 1868 und 1913 entstanden. Die Langhausfenster an der Ostseite zeigen Szenen und Stifter aus der Gründungszeit des Domes und sind am Vormittag besonders schön, während die Westfenster an Sonnentagen den Dom nachmittags in ein feierliches, warmes Licht hüllen.
Für die Weihe der Votivkapelle am 29. September 1869 schrieb Anton Bruckner seine Messe in e-Moll, die – für Messen ein Kuriosum – einen achtstimmigen gemischten Chor und je zwei Oboen, Klarinetten, Fagotte und Posaunen sowie vier Hörner und drei Trompeten vorschreibt. Die Messe mußte schließlich auch im Freien auf der Baustelle aufgeführt werden, weil vom eigentlichen Dom noch kaum etwas zu sehen war, und so hat Bruckner eben zu einem Blasorchester an Stelle der Orgel gegriffen. Weder Bischof Rudigier noch Anton Bruckner haben die Fertigstellung des Domes erlebt: Rudigier starb 1884, er liegt in der Krypta des Domes begraben, Anton Bruckner 1896 in Wien, er fand seine Ruhestätte wunschgemäß in St. Florian.
Der Dom wurde erst 1924 geweiht, seine große Orgel erhielt er erst 1970. Wer die Möglichkeit hat, ein Orgelkonzert im Neuen Dom zu erleben, sollte sich das nicht entgehen lassen – die Akustik des riesigen Innenraums ist großartig und die Marcussen-Orgel ein hervorragendes Instrument.

☞ Der Neue Dom ist täglich von 7.30–19.00 geöffnet.

An der Ecke Rudigierstraße / Herrenstaße, gegenüber der Westseite des Doms, steht ziemlich unbeachtet die **Barmherzige-Brüder-Kirche**. Sie wurde ab 1713 nach einem Entwurf J. M. Prunners für die Karmelitinnen erbaut, blieb 1716 unvollendet, wurde 1729–32 umgebaut und schließlich 1743 geweiht. Nach der Aufhebung des Karmelitinnen-Klosters 1782 diente die Kirche als Lagerraum, bis sie 1789 samt dem Kloster von den Barmherzigen Brüdern übernommen wurde. Ihre Schauseite wird durch die große korinthische Wandpfeilerordnung bestimmt. Die Statue in der Giebelnische stellt den hl. Johannes von Gott dar. Der Innenraum ist längsoval und weist eine reich geschwungene Musikempore auf. Der Hochaltar stammt von 1857, das Altarbild (Unbefleckte Empfängnis Mariens) wurde 1773 von Johann Martin Schmidt gemalt.

Vor der Kirche steht ein Denkmal für den Linzer Bischof Rudolf Hittmair, der 1915 an Typhus starb, mit dem er sich bei einem Besuch im Kriegsgefangenenlager Mauthausen infiziert hatte. Man hatte den Bischof vor dem Besuch und der Seuche gewarnt, aber er erklärte, er verlange von jedem seiner Kapläne, daß er die Kranken besuche, und der Bischof dürfe da nicht anders handeln, Krankheit hin, Seuche her.

Neben dem Neuen Dom steht das ehemalige **Palais Zeppenfeldt** (Herrenstraße 26), das 1714 wahrscheinlich nach einem Entwurf J. M. Prunners erbaut und 1858 vom Dombauverein erworben wurde. Es dient seit Gründung der Dompfarre 1922 als Dompfarrhof. Bemerkenswert ist die Fassade

Die Aufnahme zeigt den Neuen Dom im Jahre 1896, zweiunddreißig Jahre nach der Grundsteinlegung. Chor, Chorumgang und Kapellenkranz sind bereits fertiggestellt, aber vom Langhaus ist noch nicht viel zu sehen. Bis zur endgültigen Fertigstellung sollten fast noch einmal drei Jahrzehnte vergehen.

Der Bischofshof in der Herrenstraße. Kupferstich von Martin Engelbrecht nach Bernhard Friedrich Weber, um 1732. Die Perspektive täuscht ein wenig – sowohl die Herrenstraße links, als auch die Bischofstraße rechts sind in Wirklichkeit viel enger als in der Darstellung.

gegen die Herrenstraße: Ein zylindrischer Mittelteil tritt zwischen den symmetrischen Eckblöcken hervor – die Ähnlichkeit mit dem Palais Manstorff an der Landstraße ist unübersehbar.

Bedeutendstes Gebäude in der **Herrenstraße** ist der **Bischofshof** (Nr. 19). Er wurde für das Stift Kremsmünster 1721–26 nach Entwürfen Jakob Prandtauers von Baumeister Franz Michael Pruckmayr errichtet. Der Bau ist um einen Innenhof angeordnet und zeigt drei gleichartige Barockfassaden, die reich gegliedert sind und auf der Front- und Gartenseite jeweils einen Mittelrisalit mit Dreiecksgiebel aufweisen. Im Inneren haben einzelne Räume Stuckdecken von Domenico Antonio Carlone, eine wunderschöne Arbeit ist das 1727 entstandene Gittertor im Stiegenhaus.

Folgt man der Herrenstraße weiter Richtung Norden, gelangt man zum Gasthaus (und Hotel) »Zum Schwarzen Bären«, in dem 1891 Richard Dénemy geboren wurde. Als Richard Tauber machte er eine Weltkarriere als Operettensänger – Franz Lehár hat einige Tenorarien seiner Operetten eigens für Taubers besonders hohe Stimmlage komponiert. Schräg gegenüber liegt das Geburtshaus des Dichters Hermann Bahr. Die Herrenstraße mündet beim Landhaus auf die **Promenade.** Die Promenade wurde 1772 von den Ständen angelegt, allerdings unter Erhaltung der Gräben und Befestigungen der Stadt. Nach dem Stadtbrand von 1800 wurde der Stadtgraben mit Schutt und dem abgetragenen Erdreich des Walles aufgefüllt und die Promenade in weiterer Folge zu einer Platanenallee umgestaltet, die 1893 beseitigt wurde. Heute stellt sich die Promenade als gemischte Park- und Grünflächenlandschaft dar, im Norden dominiert von der Fassade des Landhauses, auf ihrer Südseite mit einer Reihe hübscher Bürgerhäuser aus dem 18. Jahrhundert.

Auffälligster Bau in dieser Häuserzeile ist das Gebäude der **Allgemeinen Sparkasse**, ein monumentales Bauwerk der Gründerzeit, 1886–91 in »Renaissance«-Formen von Ignaz Scheck erbaut und mit plastischem Schmuck von Joseph Baumgartner verziert. Das Gebäude links daneben (Nr. 9) ist das Starhemberger Freihaus, Nr. 7 das Hohenecker Freihaus, beide entstanden um 1710.
Auf der Promenade steht das **Denkmal für Adalbert Stifter,** ein knapp überlebensgroßes Bronzesitzbild von Johann Rathausky, 1902. Am westlichen Eck der Promenadenanlagen steht die sogenannte **Fadingersäule**. Sie trägt eine Geißelungsgruppe von 1713, und die Fama berichtet, daß an dieser Stelle der unvorsichtig auf und ab reitende Bauernführer Stefan Fadinger seine tödliche Schußwunde erhalten habe.
Von hier aus erreicht man durch eine Passage neben dem Café Traxlmayr (dessen Schanigarten bei Schönwetter ein ebenso beliebter Treffpunkt der Linzer ist wie das Café selbst zu jeder Jahreszeit) wieder den Hauptplatz.

»Prospect des Landhauses zu Lintz, wie selbes auser dem Thor samt dem Schloß anzusehen ist«. Kupferstich von Martin Engelbrecht nach Bernhard Friedrich Weber, Mitte des 18. Jahrhunderts. Deutlich erkennbar ist die alte Fassadengestaltung am Landhaus, die nach dem Brand von 1800 ebenso verschwand wie der Südflügel des Schlosses samt Turm. Rechts die sogenannte »Fadingersäule«, heute unter den Bäumen der Promenade, die an Stelle der geschleiften Wälle und Gräben angelegt wurde.

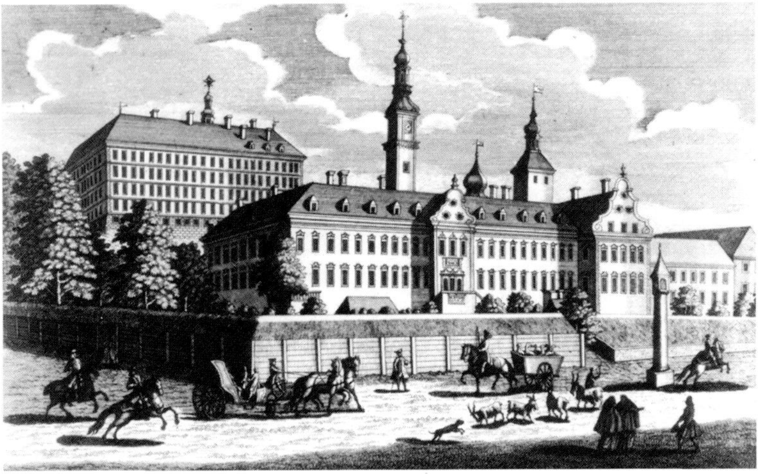

Kapuzinerstraße und Freinberg

»Den Weinzehend in den Pfarren Linz und Tabirsheim schenkte der Bischof Udalrich von Passau i.J. 1111 dem Kloster St. Florian; also gab es dortmals um Linz Weingärten.«
[Benedikt Pillwein 1824]

Geht man vom Neuen Dom aus westwärts durch die Baumbachstraße, erreicht man nach wenigen Minuten jene Kreuzung, an der die Hopfengasse von der **Kapuzinerstraße** abzweigt. Eine nicht besonders auffällige Mauer mit einem kleinen Stiegenaufgang an der Westseite versteckt das dahinterliegende **Kapuzinerkloster** mit seiner Kirche (Kapuzinerstraße 38).
Kirche und Kloster wurden 1606 – mitten in der Gegenreformation – für die Seelsorge außerhalb der damaligen Stadtmauern gegründet und 1660–62 erweitert und umgebaut. Aus dieser Zeit stammt auch die heutige **Kapuzinerkirche**, die dem hl. Matthias geweiht ist. Der Turm wurde erst 1789 angefügt, der barockisierende Helm überhaupt erst im 19. Jahrhundert aufgesetzt.
Die Innenausstattung des einschiffigen, dreijochigen Langhauses ist eher schlicht gehalten, Altäre und Kanzel entstanden 1880–90, der plastische Schmuck von Joseph Ignaz Sattler stammt ebenfalls aus dieser Zeit. Aus der ersten Kirche ist hingegen das Altarblatt übernommen worden, es wurde von Cosmas a Castrofranco 1606 gemalt. Bedeutendstes Detail der Kirche ist der Gedenkstein des kaiserlichen Feldmarschalls Raimondo da Montecuccoli, der 1680 in Linz gestorben ist und dessen Eingeweide nach damaliger Sitte hier beigesetzt wurden.
Um auf den **Freinberg** und seine Nebenhügel zu gelangen, kann man entweder die Kapuzinerstraße hinaufgehen, oder aber der von der Hopfengasse abzweigenden Roseggerstraße folgen. Die Roseggerstraße ist die nördliche Begrenzung der Bauernberganlagen, einer Parkanlage, die der Stadt Linz Anfang des Jahrhunderts vom Industriellen Ludwig Hatschek (dem Erzeuger des weltweit bekannten Eternits) geschenkt wurde.
Über die Kapuzinerstraße, die noch im 19. Jahrhundert »Im Weingarten« geheißen hat, gelangt man vorbei am Gehörloseninstitut – der 1812 gegründeten Taubstummenanstalt – zum modernen Bau der pädagogischen Akademie der Diözese. An ihrem oberen Ende stößt die Kapuzinerstraße wieder auf die Roseggerstraße, und in dem von den beiden Straßen gebildeten Zwikkel liegt der **Botanische Garten** der Stadt Linz. Was den Botanischen Garten so sehenswert macht, ist nicht nur die Anzahl der verschiedenen hier ausgestellten Pflanzenarten (es sind über 8000), auch nicht die international bedeutende Kakteenschutzsammlung – es ist die wunderschöne Lage des 4.2 Hektar großen Areals. Die natürlichen Gegebenheiten haben es ermöglicht, die Pflanzensammlungen in richtigen Landschaften zusammenzufassen, die als kleiner Ausschnitt des echten Lebensraums Steppen- und Sumpfpflanzen, exotische Bäume und Heiden ebenso wie einheimische Gewächse in einer natürlichen Umgebung zeigen.

☞ Der Botanische Garten ist ganzjährig ab 8.00 geöffnet, von Mai bis August ab 7.30, und schließt November bis Februar um 17.00, im März und Oktober um 18.00, im April und

September um 19.00, während der Sommermonate um 19.30. Die Gewächshäuser sind jeweils von 8.00–12.00 und 13.00–17.30 geöffnet. Der Garten ist mit der Buslinie 27 ab Taubenmarkt erreichbar.

Nur wenige Schritte vom Botanischen Garten entfernt liegen das **Stadion** auf der Gugl und die **Stadt- und Sporthalle**. Beide sind sowohl Schauplätze sportlicher Ereignisse (etwa des jährlichen Gugl-Meetings der Leichtathleten) als auch Veranstaltungsorte für Konzerte.
Über die nach rechts abzweigende **Freinbergstraße** erreicht man den Freinberg, einen Aussichtspunkt mit wunderbarem Blick auf das Stadtzentrum. Auf dem Weg zur Aussichtsterrasse passiert man das **Jesuitenkloster**, das 1828 als Probeturm für die **Maximilianische Befestigung** errichtet und 1834 zu einem Wohnbau umgestaltet wurde. Die Kirche (hl. Maximilian) wurde 1836 als Deutschordenskirche erbaut und 1837 zusammen mit dem Turm den Jesuiten übergeben, die heute dort eine Schule betreiben.

Die Maximilianische Befestigung geht auf die Erfahrungen der ungeschützten Stadt in den Franzosenkriegen zurück und wurde vom damaligen Militärkommandanten von Oberösterreich, Erzherzog Maximilian d'Este, angeregt. Sie umfaßte einen Ring detachierter Forts rund um die Stadt. Der Probeturm auf dem Freinberg wurde aus dem Privatvermögen des Erzherzogs bezahlt, und nach einem Probeschießen begann ab 1831 der Bau der 32 Türme rund um Linz, des Forts Pöstlingberg sowie der beiden Warten und Klausen, die zur Absperrung der Donau dienten. Die Anlagen, an deren Bau rund 3000 Menschen arbeiteten, waren 1834 vollendet, wurden aber bereits 1858 außer Dienst gestellt. Die Fortschritte in der Waffentechnik hatten das Werk rasch veralten lassen, das niemals eine militärische Bewährungsprobe über sich ergehen lassen mußte. Die Türme der Befestigungsanlagen waren kreisrund und zweigeschossig, im Untergeschoss die Wachstube und das Munitionsdepot, darüber die eigentlichen Verteidigungsanlagen. Die meisten der Türme – einst trugen sie Frauennamen – sind heute verschwunden, von den zehn erhaltenen wurden einige zu Villen umgebaut, andere dienen als Depots und sind mehr oder weniger in ihrem Ursprungszustand erhalten.

Von der Aussichtsterrasse des Freinbergs gelangt man über die Römerstraße wieder zur Martinskirche und zum Schloß.
Wer vom Stadion aus noch ein wenig das Viertel auf der Gugl durchwandert, erreicht im Südosten die Bergschlößlgasse, benannt nach dem **Bergschlößl**, das in einem wunderschön restaurierten Parkgelände steht. Das 1718 begonnene einstöckige Gebäude mit seinem Mansarddach ist bei einem Brand vor einigen Jahren schwer in Mitleidenschaft gezogen worden. Im Sommer 1994 hat der Gemeinderat der Stadt beschlossen, das Bergschlößl zu renovieren und für eine Managementakademie zu nutzen. Bereits in den Jahren zuvor ist der verwilderte und heruntergekommene (ehemals als botanischer Garten dienende) Park instandgesetzt worden – er zählt zu den schönsten Anlagen in der an Grün keineswegs armen Stadt. Wer vom Bergschlößl durch die Stockhofstraße zur Herrengasse und weiter zur Landstraße spaziert, kommt am Kloster und der Schule der **Kreuzschwestern** (Stockhofstraße / Wurmstraße) vorbei. Das weitläufige, aber hinter einer Mauer und Geschäften versteckte Gebäude umfaßt auch einen von Clemens Holzmeister entworfenen Trakt, der zu den weniger bekannten – aber deswegen nicht weniger beachtenswerten – Bauten des großen Architekten gehört. Auf dem kleinen dreieckigen Platz Ecke Volksgarten- und Stockhofstraße steht ein Obe-

Hoch über der Landstraße – Alter Dom, Ursulinenkirche, Stadpfarrkirche und die turmlose Fassade der Karmeliterkirche.

lisk von 1650, der ursprünglich mitten auf der Landstraße stand, wie auf alten Ansichten dokumentiert ist.
Von hier aus gelangt man durch die Auerspergstraße zum Schillerplatz und zurück zur Landstraße, man kann aber auch durch die Herrenstraße zum Neuen Dom und weiter zum Landhaus spazieren.

Südbahnhofmarkt und Design Center

»Bekannt ist es und auch wahr ist es,
daß in Ober-Östreich die schönsten Mädgen sind.«
[Johann David Scholtz 1809 über die sprichwörtliche »Schöne Linzerin«]

Keineswegs im Süden, vielmehr östlich der Landstraße liegt das Gebiet des Südbahnhofmarktes. Es leitet seinen Namen vom südlichen Bahnhof der

Pferdeeisenbahn her, der einst dieses Areal einnahm (der nördliche – stadtnäher gelegene – Bahnhof lag in Urfahr). Hier am Südbahnhof begann auch die Anschlußstrecke der Pferdeeisenbahn nach Gmunden. Wo im vergangenen Jahrhundert Güter umgeschlagen wurden, befindet sich heute der größte Obst- und Gemüsemarkt von Linz. Das Areal rund um den ehemaligen Südbahnhof ist ein typisches »Neubau«viertel der Jahrhundertwende, aber der Besuch des Marktgeländes lohnt sich nicht nur des Einkaufens wegen.
Geht man von der Mozartkreuzung (Landstraße / Ecke Mozart- bzw. Rudigierstraße) noch ein paar Meter die Landstraße südwärts, kommt man links an einer kleinen Erweiterung der **Johann-Konrad-Vogel-Straße** vorbei, auf der die evangelische Kirche der Stadt steht. Die Straße ist nach dem Bäcker J. K. Vogel benannt, der 1822 nach Linz kam und hier nicht nur als erster die Linzer Torte in größerer Menge herstellte und damit ihren Weltruhm begründete, er war auch der Initiator der Errichtung einer evangelischen Kirche in Linz, wo der Protestantismus – wie in allen österreichischen Erblanden – während der Gegenreformation praktisch ausgerottet worden war. Die Kirche selbst wurde 1842–44 in spätklassizistischen Formen erbautt, der Turm stammt von 1854.
An der Ecke zur Bismarckstraße steht das **Kaufmännische Vereinshaus**. Der Ende des 19. Jahrhunderts errichtete Bau mit der gründerzeitlichen Fassade beeindruckt vor allem innen durch seine Säle, die nicht nur für Kongresse und Ausstellungen, sondern von den Linzern besonders gerne für Bälle genutzt werden – das altertümliche Flair der Räume gibt jeder Veranstaltung einen feierlichen Rahmen.
Folgt man der Bismarckstraße, so erreicht man bald den Hessenplatz, den früheren Marktplatz, der heute zu einer schönen Anlage umgestaltet ist. Die Lustenauerstraße führt von hier weiter zum **Südbahnhofmarkt**.
Bemerkenswertestes Gebäude auf dem Marktgelände ist das im nordöstlichen Eck gelegene ehemalige Stallungsgebäude der Pferdeeisenbahn. Es ist der einzige in Linz noch erhaltene Bau der ältesten Schienenbahn Kontinentaleuropas, die anderen zur Bahn gehörigen Häuser wurden im Zuge von Umgestaltungsarbeiten auf dem Platz abgerissen. Der ehemalige Pferdestall wird heute von der Stadt als Tagesheimstätte genutzt. Östlich des

Die Diesterwegschule in ihrem Ursprungszustand, mittlerweile wurde sie in einigen Teilen baulich verändert.

Europaplatz, Design Center und das Ramada-Hotel. Der Schlot im Hintergrund gehört übrigens nicht zur Industrie, sondern zu einem Fernheizwerk.

Platzes liegt die **Diesterwegschule** (Khevenhüllerstr. 3), 1929–31 nach Plänen Karl Kühnes errichtet, die zu ihrer Zeit ebenso richtungsweisend war wie zwanzig Jahre zuvor die Weberschule in Urfahr. Die Diesterwegschule war zusammen mit dem Südbahnhofgelände eines der Zentren der Kämpfe im Februar 1934 und wurde sogar mit Artillerie beschossen.

Der eigentliche Marktplatz wird von den Kiosken geprägt, um die herum vormittags immer reges Treiben herrscht – eine gute Gelegenheit, der »Schönen Linzerin« beim Einkaufen zuzusehen. Nachmittags ist es ruhiger, und etliche der Geschäfte schließen während der »toten« Zeit.

Das Südende des Platzes wird vom Gebäude der Raiffeisenbank gebildet, das den Südbahnhofmarkt vom **Europaplatz** trennt. Dieser ist erst im Zuge des Baus des Design-Centers entstanden, und sein Name weist schon auf die Neuorientierung auch der Stadt Richtung Europäische Union hin.

Das **Design Center Linz** ist eine der neuesten Errungenschaften der Stadt, die lange unter dem Fehlen einer angemessenen Ausstellungs- und Kongreßhalle gelitten hat. Es wurde Anfang 1994 eröffnet und ist nicht nur hinsichtlich seiner Architektur ein höchst bemerkenswertes Gebäude. Man sieht dem langgestreckten Bau von außen nicht an, daß er mit über 200 Metern Länge und knapp 60 Metern Breite beinahe die selben Maße aufweist wie der Hauptplatz. Eine Stahlbogenkonstruktion trägt das eigens für dieses Gebäude entwickelte Glasdach, dessen über 3000 Paneele in ihrem Inneren ein raffiniertes Spiegelsystem aufweisen, welches die enorme Halle mit einem gleichmäßigen Tageslicht durchflutet – ein Novum, das hier weltweit

erstmalig angewendet wurde. Mit welcher Präzision gearbeitet wurde, wird erst klar, wenn man bedenkt, daß bei der Aufstellung der Stahlbögen mit ihren rund 60 Metern Spannweite die Paßtoleranzen im Millimeterbereich lagen!
Gegenüber dem angrenzenden Ramada-Hotel liegt das **Landesstudio** des Österreichischen Rundfunks. Das noch heute futuristisch anmutende Gebäude wurde Ende der sechziger Jahre von Gustav Peichl entworfen und dient als Produktions- und Sendestätte für Radio Oberösterreich und die Beiträge zu den bundesweiten Rundfunk- und Fernsehprogrammen. Die nach Süden führende **Franckstraße** ist nach der Franck'schen Zichorienkaffeefabrik benannt, deren Gebäude gleich hinter dem Landesstudio noch erhalten sind. Die Straße führt durch ein Arbeiterviertel mit recht interessanten Beispielen kommunalen Wohnbaus der zwanziger und dreißiger Jahre (entlang der Wimhölzelstraße und rund um das Volkshaus) zum Industriegebiet.

☞ Den Südbahnhofmarkt erreicht man ab der Mozartkreuzung mit dem Bus bis Haltestelle Gruberstraße. Marktbetrieb herrscht Mo–Sa 7.00–13.00, Di und Fr Großmarkt. Zum Design-Center fährt der Obus ab Goethekreuzung.

Vor über hundert Jahren wurde dieser Blick über die damalige Reichs- und heutige Nibelungenbrücke nach Urfahr aufgenommen. An der Stelle des linken Brückenkopfgebäudes steht heute das Neue Rathaus, statt dem Haus rechts entstand das Donautor-Gebäude, dessen vorderster Teil das Ars Electronica Center beherbergen wird. Unverändert geblieben sind die spitzgiebeligen Häuser rechts des Brückenkopfes und die Kirche.

Urfahr und der Pöstlingberg

»Unten, gleichsam zu Füßen, in der Tat aber noch ziemlich weit entfernt, lag das weißbetupfte Scheibchen der Stadt Linz, geschnitten von dem schimmernden Strome der Donau, der im zartgewebten Dufte des Landes nach Osten ging.«
[Adalbert Stifter, »Der Waldgänger«]

Der Pöstlingberg ist zweifellos eine der Hauptattraktionen Urfahrs, des Stadtteils nördlich der Donau. Und der Ausblick, den man bei schönem Wetter von seiner Aussichtsterrasse genießt, macht allein den Besuch schon lohnend. Aber auch Urfahr selbst bietet einige Sehenswürdigkeiten, die so ganz anders sind als jene der reichen Schwester Linz am Südufer, und die man sich nicht entgehen lassen sollte.
Noch bevor man Urfahr über die Nibelungenbrücke erreicht hat, fallen die beiden mächtigen Bauten am nördlichen Brückenkopf ins Auge: Rechts das **Ars Electronica Center**, das im Aufbau befindliche »Museum des 21. Jahrhunderts«, links die große Baumasse des **Neuen Rathauses**, das seinen heutigen Namen von den Linzer und Urfahraner Bürgern bekommen hat – Zentrales Verwaltungsgebäude war allen zu lang und Zet Vau Ge als Abkürzung zu trocken. Die moderne Fassade des großstädtischen Gebäudes läßt kaum erahnen, daß sich hinter dem Neuen Rathaus eine Sehenswürdigkeit versteckt, die nicht als Einzelnes herausragt, sondern wegen ihrer Lage und Struktur im Herzen der Stadt am Fluß besuchenswert ist: **Alt-Urfahr**, das Dorf im Stadtzentrum.
Im Zwickel zwischen Donau, Rudolfstraße und dem Neuen Rathaus ist ein Teil jenes Dorfes von Fischern und Fährleuten erhalten, das Urfahr bis Anfang des 19. Jahrhunderts war. Selbst der Aufstieg Urfahrs bis zur Jahrhundertwende ist an diesem Viertel vorübergezogen, die Häuschen sind klein und ärmlich geblieben, während entlang der Hauptstraße bereits gründerzeitlich gebaut wurde.

In der ersten Nachkriegszeit kam – besatzungsbedingt – ganz Urfahr ein wenig herunter, und als die rege Bautätigkeit der sechziger und siebziger Jahre einsetzte, fand sie am Ostrand Urfahrs genug Platz zur Entfaltung – Alt-Urfahr schien dem Verfall preisgegeben zu sein. Mitte der siebziger Jahre wurde der Plan gefaßt, zur Entlastung der notorisch verstopften Rudolfstraße, der Haupteinfallstraße aus dem Oberen Mühlviertel, eine Schnellstraße durch Alt-Urfahr-West zu bauen, die hinter dem Neuen Rathaus wieder zur Nibelungenbrücke einmünden sollte. Eine verkehrspolitisch durchaus sinnvolle Maßnahme, wie man zugeben muß, aber hier begegneten die Linzer Stadtväter erstmals dem Widerstand der Linzer. Plötzlich schien allen Linzerinnen und Linzern, ganz besonders natürlich den Urfahranern, das lange vernachlässigt gewesene und schäbig gewordene, ständig vom Donauhochwasser bedrohte Viertel erhaltens- und schützenswert, Bürgerinitiativen formierten sich, Aufrufe wurden verfaßt, Einsprüche eingebracht, nach und nach zogen junge Leute in das überalterte Viertel, Häuser wurden renoviert, eine Kulturszene entstand – und die Durchzugsstraße wurde nicht gebaut.

Alt-Urfahr erreicht man am besten über den Vorplatz des Neuen Rathauses und durch den Durchgang zwischen dem Donaublick-Restaurant und dem

Hauptgebäude. Von dort aus führt eine Fußgängerbrücke über die zum Ufer abfallende Flußgasse in die **Ottensheimer Straße**. Am Anfang der Straße steht eine Johann-Nepomuk-Statue, die einst den Urfahrer Brückenkopf der Nibelungenbrücke zierte und die nach der großen Umgestaltung im Zuge des Rathausbaues hier ihre neue Heimat fand.
Die Flußgasse führt übrigens hinauf zum Bernaschekplatz, an dessen Nordende das **Rathaus Urfahr** (Rudolfstraße 18) steht. Es wurde 1850/51 nach Entwurf von Joseph Baumgartner erbaut und 1911–13 von Julius Schulte in Jugendstilformen umgestaltet. Bis zur Fertigstellung des Neuen Rathauses, das die über ganz Linz verstreuten Magistratsdienststellen zusammenfassen sollte, waren hier verschiedene Ämter der Stadtverwaltung untergebracht.
Folgt man der Ottensheimer Straße von der Nepomuk-Statue westwärts, erkennt man sofort den völlig anderen, eben dörflichen Charakter Alt-Urfahrs. Als erstes Gebäude fällt das **Schiffsmeisterhaus** (Nr. 32) auf, das mit seiner Sgraffitofassade von 1598 das einzige Renaissancehaus seiner Art in Linz ist und das vom relativen Wohlstand der Urfahrer Schiffsherren der damaligen Zeit zeugt. Dennoch wirkt es bescheiden, vergleicht man es mit den viel mächtigeren Bauwerken der Linzer Kaufleute, und allein die Tatsache, daß es nicht später mit einer Barock- oder Rokokofassade ausgestattet wurde, beweist, um wieviel ärmer doch die kleine Gemeinde am Nordufer der Donau war.
Zwei Straßenecken weiter erhebt sich die **Weberschule**, das letzte im historischen Alt-Urfahr entstandene Bauwerk, mit einem steilen Walmdach über die im wesentlichen zweigeschossigen Bauten des Viertels. Sie wurde 1911–13 ebenfalls von Julius Schulte, dem damaligen Stadtbaumeister, als Knaben- und Mädchenschule (man beachte die getrennten Eingänge) erbaut und galt zu ihrer Zeit als einer der modernsten Schulbauten überhaupt. Schulte, der auch die Erweiterung des ehemaligen Jesuitenkollegiums in der Domgasse in Linz vorgenommen hat, verband hier Formen des Historismus mit jenen des Jugendstils und verhalf Alt-Urfahr zu einem imposanten und dennoch die Struktur nicht erdrückenden Anziehungspunkt.
Die Ottensheimer Straße erweitert sich an dieser Stelle zum **Steinmetzplatzl**, dem eigentlichen Herzen Alt-Urfahrs. Hier wurden die Granitblöcke aus dem Oberen Mühlviertel für den Weitertransport nach Wien angelandet und umgeladen, und hier liegt auch der Garten des Gasthauses zum Goldenen Schiff, im Volksmund nach den Inhabern einfach »Rauscher« genannt, der neben den gastronomischen Leistungen im Sommer einen prächtigen Ausblick auf Römerberg und Schloß und natürlich die Donau gewährt – wenn man überhaupt Platz findet.
Eigentliche Sehenswürdigkeiten über die erwähnten hinaus hat Alt-Urfahr nicht zu bieten, aber ein Spaziergang bis zum westlichen Ende der Ottensheimer Straße und entlang der Donau zurück lohnt sich schon allein wegen des Kontrastes, den dieses »Grätzel« gegenüber dem nur rund 300 Meter Luftlinie entfernten Linzer Hauptplatz bietet. Folgt man vom Steinmetzplatzl aus der Oberen Donaustraße nach Osten, erreicht man die Flußseite des Neuen Rathauses, von wo eine Stiege wieder zum Brückenkopf und zur Straßenbahn führt. Das letzte Haus vor der Einmündung der Flußgasse trägt übrigens eine Tafel zum Gedenken an den Aufenthalt Karl Mays – seine Reise

Altehrwürdig, gemütlich, nostalgisch: die Pöstlingbergbahn. Hier Wagen XVIII bei der Ausfahrt aus der Bergstation, einem umgebauten Turm der Maximilianischen Befestigung.

nach Linz ist nachgewiesen, wenn er darüber auch keinen Abenteuerroman geschrieben hat...

Unter der Nibelungenbrücke durch erreicht man das **Jahrmarktgelände**, das nicht nur zweimal jährlich dem Urfahrmarkt dient, sondern auch der größte gebührenfreie Parkplatz von Linz ist. An seinem Nordrand stehen die wenigen erhaltenen Bauten von **Alt-Urfahr-Ost**, darunter die **Urfahrer Pfarrkirche** St. Joseph. Sie entstand als Klosterkirche des 1690–94 erbauten Kapuzinerklosters (heute zum Pfarrhof umgebaut) und enthält einen recht schönen Hochaltar aus schwarzem Marmor von 1654, der ursprünglich im Jesuitenkollegium aufgestellt war. Das Altarblatt mit dem Kirchenpatron stammt von Carl v. Reslfeld.

Auf den **Pöstlingberg** gelangt man am besten mit Straßenbahn und Pöstlingbergbahn vom Hauptplatz oder vom Hinsenkampplatz (vor dem Neuen Rathaus) aus. Zwar kann man auch mit dem Auto hinauffahren, aber man bringt sich dann um das Erlebnis einer Fahrt mit der Pöstlingbergbahn.
Die **Pöstlingbergbahn** wurde nach Plänen von Josef Urbanski erbaut und am 29.5.1898 eröffnet. Sie sollte den Pilgern zur Wallfahrtskirche den Anstieg erleichtern und ist eine echte Sehenswürdigkeit. Geplant war eigentlich, eine dampfgetriebene Zahnradbahn zu errichten, aber dank einer klugen Streckenführung konnte Urbanski auf Hilfsmittel wie Zahnstangen und Seilzüge verzichten – die Bahn überwindet auf 2,88 km einen Höhenunterschied von 255 Metern und ist mit einer maximalen Steigung von 105 Promille die steilste Adhäsionsbahn der Welt. Von Anfang an wurde sie mit der damals zukunftsweisenden Technik des Elektromotors betrieben (zu jener Zeit fuhren noch viele Straßen- und sogar Untergrundbahnen mit Dampf!), und seit fast hundert Jahren rumpelt sie mit satten zwölf Stundenkilomentern alle zwanzig Minuten den Berg hinauf und hinunter. Die Talstation ist ein typisches Gebäude im »Landhausstil« der damaligen Zeit, und bei schönem Wetter im Sommer erwartet einen dort manchmal eine echte Sensation: Der offene Sommerwagen stammt aus der Erbauungszeit der Bahn und bringt die Fahrgäste türenlos und luftig auf den Linzer Hausberg (die anderen Wägen haben übrigens auch schon ein ehrwürdiges Alter).

☞ Die Pöstlingbergbahn hat einen eigenen Tarif, aber in der Tourist Information am Hauptplatz gibt es die *Pöstlingberg-Erlebniskarte* als Tageskarte für Bergbahn und Straßenbahn Linie 3, daneben als 2- und 3-Tages-Netzkarte die *Erlebniskarte*, mit der man sowohl Straßenbahn und Busse als auch die Pöstlingbergbahn benutzen kann.

Auf etwa der halben Höhe des Pöstlingberges liegt am Abhang zur Donau der Linzer **Tiergarten.** Dieser Zoo, der sich noch im Aufbaustadium befindet, beherbergt zur Zeit rund 600 Tiere in 140 Arten. Die Anlage, in der bereits einige hundert Bäume und Sträucher gepflanzt wurden, soll eine Stätte der Erholung und der zoologischen Information sein. Jährlich kommen ca. 70.000 Besucher in den als Kinder- und Familienzoo propagierten Tiergarten.

☞ Den Tiergarten (Windflachweg 1, Tel. 237180) erreicht man mit der Pöstlingbergbahn bis Haltestelle Windflach oder mit dem Auto. Öffnungszeiten: 1.10.–31.3. Einlaß 10.00–16.00, offen bis 17.00; 1.4.–30.9. Einlaß 10.00–18.00, offen bis 19.00. Montag geschlossen außer an Feiertagen. Eintritt: Erwachsene 20 S, Kinder (ab 6) und Studenten 5 S.

Nach einer knapp halbstündigen Reise Marke »Nostalgie pur« erreicht man die Bergstation, die sich in einem der Türme des ehemaligen Forts Pöstlingberg der Maximilianischen Befestigungen befindet. Bevor man von der Bergstation zur Kirche hinaufsteigt, sollte man nicht versäumen, einen Blick von der **Aussichtsterrasse** (auch einem Befestigungsturm) auf Linz zu werfen. Rechts neben dem Zugang findet sich eine Marmortafel mit einem den Pöstlingberg lobenden Gedicht von Hermann v. Gilm, der lange Jahre in Linz gelebt hat und hier 1864 gestorben ist.
Die **Pöstlingbergkirche** (Zu den Sieben Schmerzen Mariae) wurde nach Plänen von Matthias Krinner ab 1738 an Stelle einer hölzernen Kapelle mit einem Gnadenbild Mariae errichtet. Schon 1716 hatte der Einsiedler Franz

Obermaier ein Gnadenbild der Muttergottes auf dem Pöstlingberg anbringen lassen, um es dort ungestört anbeten zu können. Als die wundertätige Wirkung des Gnadenbildes bekannt wurde, entwickelte sich der Pöstlingberg zu einem lokalen Wallfahrtsort, weshalb der ebenfalls die Muttergottes verehrende Josef Gundamahr von Starhemberg den (mühseligen und kostspieligen) Kirchenbau finanzierte. Der Chor wurde 1747 vollendet, der Kuppelraum erst 1774. Die Schauseite der Kirche mit ihren toskanischen Kolossalwandpfeilern wurde nach einem Brand 1891/92 durch einen neuen Giebel und neue Turmhelme verändert, auch die Innengestaltung stammt überwiegend aus der Wiederaufbauphase. Dennoch sind die Kuppel- und Deckenfresken von Andreas Groll beachtenswert. Hübsch sind die Altäre und die Kanzel (alle um 1750), die Holzplastik der Muttergottes im Hochaltar stammt von Ignaz Jobst (1716). 1963 brannten die Türme neuerlich ab, wurden aber in der Form der Jahrhundertwende wiederhergestellt. 1964 wurde die Kirche zur Basilika erhoben.

Die Pöstlingbergkirche.

Den Wegweisern »Zur Grottenbahn« sollte man in jedem Fall folgen: Die 1906 eröffnete **Grottenbahn** ist ein echtes Unikum. Fern jeden elektronischen Schnickschnacks führt im Oberstock des alten Befestigungsturmes ein Lindwurm die Besucher durch eine Zwergenwelt mit Keramikzwergen von Friederike Stolz und ihrem Vater. Im Untergeschoss wurde im Zentralraum der Linzer Hauptplatz um die Jahrhundertwende nachgebildet, in den Seitenräumen sind jeweils Szenen aus den bekanntesten Märchen der Brüder Grimm mit lebensgroßen Figuren dargestellt. Die Grottenbahn ist nur von der Karwoche bis Allerseelen geöffnet, aber während der Saison ist das »Zwergerlschneuzen« ein echtes Muß für die Linzer Familien. Eine Fahrt mit dem Lindwurmexpress macht auch Erwachsenen Spaß, und wer eine größere Veranstaltung plant – die Grottenbahn kann auch zur Gänze gemietet werden!
Zurück zur Bergstation kann man auch auf der Rückseite des Pöstlingberges, entlang den bislang noch ungenützten Kasematten des Forts, gelangen. Wer vom Parkplatz unterhalb der Bahnstation nach Osten blickt, sieht im Hintergrund die Stadtteile St. Magdalena und Dornach-Auhof.
St. Magdalena fällt durch den gelben Turm seiner kleinen Kirche auf, die erstmals 1163 erwähnt wurde. Das einschiffige Langhaus mit dem spätgotischen Netzrippengewölbe wurde 1913/14 um die Seitenschiffe und die

Orgelempore erweitert, der Hochaltar entstand um 1690. Vor der Kirche führt die **Pferdebahnpromenade** auf der alten Trasse der Pferdeeisenbahn Linz–Budweis vorbei, sie ist nicht nur ein bequemer Spazierweg und Lieblingsjoggingpfad der Linzer, sie führt auch über mehrere der steinernen Brükken der alten Bahntrasse.
Das am nordöstlichen Stadtrand gelegene Viertel **Auhof** ist vor allem durch die **Johannes-Kepler-Universität** bemerkenswert, die rund um das ehemals Starhembergsche Jagdschloß Auhof angelegt wurde. Von dem 1355 erstmals urkundlich erwähnten Schloß sind nur Süd- und Ostflügel erhalten, die als Verwaltungsgebäude der Universität dienen. Dahinter erstreckt sich die moderne Universität in Sichtbetonbauweise, die gegenwärtig rund 15.000 Studierende hat.

☞ *St. Magdalena* erreicht man vom Zentrum mit der Straßenbahn Linie 1 bis zur Haltestelle Biesenfeld, die Endstation *Universität* liegt unmittelbar vor dem hübschen Park von Schloß Auhof, der zum Universitätsgelände gehört.

Wer genug Zeit hat, sollte sie noch zwei anderen, wenig beachteten Sehenswürdigkeiten Urfahrs widmen. Die eine ist die **Friedenskirche** (Freistädter Str. 30). Sie wurde von Peter Behrens und Alexander Popp entworfen und von Hans Feichtelbauer 1933/34 begonnen. Das heutige Langhaus und der Turm wurden erst nach dem Krieg fertiggestellt, aber die Kirche ist insgesamt einer der beeindruckendsten modernen Sakralbauten des Landes.
Als »eindrucksvolle naturverbundene Anlage« bezeichnet das Dehio-Handbuch der Kunstdenkmäler Österreichs den **Urnenhain** an der Freistädter Straße, und prägnanter ließe sich die Anlage auch nicht beschreiben: Inmitten eines Waldstücks mit schönem altem Baumbestand, durchzogen von einem kleinen Bach, wurde 1926 eine Feuerhalle nach Entwurf von Julius Schulte im Stile des Expressionismus errichtet. Die Urnennischen und Einzelgräber, darunter einige künstlerisch recht bedeutsame, vereinen sich auf eine schlichte Weise mit der sie umgebenden Parklandschaft zu einem Ganzen, das auf jeden Besucher Ruhe und Frieden ausstrahlt. Und diese freundlich-besinnliche Atmosphäre (und keineswegs eine heimliche Nekrophilie der Linzer) bringt es mit sich, daß manchmal auch die Kinder eines nahegelegenen Kindergartens einen Ausflug in den Urnenhain machen, zum Eichhörnchenfüttern...

☞ *Friedenskirche* und *Urnenhain* erreicht man vom Neuen Rathaus aus mit dem Bus Nr. 32 (bis Leonfeldner Straße bzw. Urnenhain). Mit der Straßenbahn fährt man Richtung Universität bis zur Haltestelle Linke Brückenstraße und geht von dort auf der Freistädter Straße zwei Blocks nach Westen zur Friedenskirche bzw. nach Osten (über die Autobahn) zum Urnenhain.

Der Kalvarienberg bei Linz. Kupferstich von Johann Peter Wolff, nach 1724. Erkennbar sind nicht nur der Kalvarienberg rechts und der Steilabfall der »Urfahrwänd« links, im Hintergrund werden auch noch das Schloß und die Martinskirche sichtbar. Von allen Arten, sich der Stadt zu nähern, ist jene per Schiff donauabwärts sicherlich die schönste.

Die Donau aufwärts

»Wir kamen Lintz den 10. Nov. vorbey, und sahen daselbst an einem berge welchem wir vorbey fuhren, der oben nicht schwehr anzusteigen schiene auf verschiedenen Stationen die hauptstücken deß leydens Xsti vorgestellet waren, umb dabey seiner devotion zu verrichten, und sich der historie deß leidens Christi biß an den berg Calvaria im gedächtnüß zu bringen, welches insoweit von den Catholischen bauren und gemeinen leuten eben nicht übel erfunden ist.«
[Hermann Post, 1716]

Die Jesuiten waren im 17. Jahrhundert innerhalb der Stadtmauern nicht wohlgelitten, und so suchten sie sich eine Bleibe außerhalb, aber in Stadtnähe. Geht oder fährt man die Donau unterhalb des Felsabsturzes des Römberberges in Richtung Passau entlang, so erreicht man nach einer kleinen Weile die Ortschaft **St. Margarethen**, ein langgestrecktes Dorf als Vorort von Linz. Oberhalb St. Margarethens erhebt sich der von Hermann Post beschriebene **Kalvarienberg**. 1608 hatten die Jesuiten den Kalvarienberg errichtet, die zugehörige Stiege wurde 1664 gebaut. Die heutigen Kreuzwegstationen stammen aus dem 19. Jahrhundert (der Christus am Ölberg von Franz Schneider, die übrigen von Franz Liebert), die Kreuzigungsgruppe wurde gar erst 1902 geweiht. Der Kreuzweg führt zu einer kleinen Kirche, die 1654 erbaut wurde (das anschließende Kloster stammt vom Ende des 19. Jahrhunderts). Der

Kirchenbau, ein längsgestrecktes Achteck mit rechteckigem Chor und Dachreiter, ist innen als Klostergewölbe mit Stichkappen ausgebildet, der Chor ist mit Malerei um 1760 verziert. Der marmorne Hochaltar (um 1758) hat eine recht hübsche Figurengruppe (Gekreuzigter mit Maria und Johannes), das Gemälde der Schmerzhaften Muttergottes ist wahrscheinlich von Bartolomeo Altomonte.

Ein paar Schritte weiter stößt man auf die **Maria-Thal-Kapelle**, die um 1690 auf acht Pfeilern errichtet wurde (jetzt profaniert), ihr gegenüber steht eine hochbarocke Kapelle, die an Stelle der ursprünglichen Mariensäule 1746 erbaut wurde. In der flachen Kuppel ein Fresko mit Maria als der Beschützerin des Gnadenbrunnens (von Wolfgang Heindl, 1747), der barocke Hauptaltar rahmt eine Steinstatue der Muttergottes ein, die aus dem 14. Jahrhundert stammen soll, allerdings sichtbar barock überarbeitet wurde.

Was den Kalvarienberg so attraktiv macht, ist die herrliche Aussicht: Von der Kirche und vom hübschen Friedhof aus (beachtenswert ist übrigens die eigenartige Grabkapelle Christi, die sozusagen die allerletzte Kreuzwegstation darstellt) überblickt man den Durchbruch der Donau durch die »Urfahrwänd« aus einer unerwartet ländlichen Perspektive.

Ein kleines Stück weiter donauaufwärts steht zwischen Straße und Strom – sozusagen als Grenzwächter der Stadt – der »**Burschenschafterturm**«. Er ist Teil der bereits erwähnten Maximilianischen Befestigung der Stadt und diente mit seinem nicht erhaltenen Gegenstück am Nordufer dazu, bei Bedarf den Fluß mit starken Ketten zu sperren, um einem Feinde das Eindringen zu Wasser unmöglich zu machen. Eigentlich trug er einen Frauennamen (so wie alle Türme des Befestigungsringes) und war die »Klause Adelgunde«, während der nördliche Turm »Kunigunde« hieß. Die heutige Bezeichnung geht auf die Burschenschaften zurück, die hier ihr Versammlungslokal hatten und noch haben.

Mit Auto oder Fahrrad kann man von hier aus weiter nach **Wilhering** fahren, das sieben Kilometer außerhalb von Linz liegt. Die Zisterzienserabtei wurde 1146 von Ulrich und Cholo von Wilhering gegründet und ab 1195 als Steinbau errichtet. Bei einem Brand wurde 1733 ein Großteil der romanischen Anlage vernichtet, der Wiederaufbau erfolgte sofort nach dem Brand, dauerte aber fast hundert Jahre. Die **Stiftskirche Mariae Himmelfahrt** ist ein Hauptwerk des Rokoko in Oberösterreich. Die Schauseite entstand unter Verwendung des Portals und der Außenmauern der romanischen Kirche nach Entwürfen von Johann Haslinger, vermutlich in Zusammenarbeit mit Andreas Altomonte. Dem Innenraum merkt man an, daß hier der kaiserliche Theateringenieur am Werk war – Malerei, Plastik, Architektur und Licht vereinen sich zu einer beeindruckenden Harmonie aus Farben und Formen. Die Deckengemälde stammen von Bartolomeo Altomonte, das Hochaltarbild von Martino Altomonte, der Altar selbst von Andreas, und diese drei sind auch für den Hauptteil der restlichen Ausstattung verantwortlich. Der Figurenschmuck wurde überwiegend von Joh. Georg Übelherr und Franz Vital Draxl geschaffen. Beachten sollte man auch die beiden Sarkophage der Schaunberger beidseits des Eingangs: Sie stammen aus dem 14. Jahrhundert und sind Prachtstücke gotischer Steinmetzarbeit.
Ein Durchgang führt von der Kirche in den **Kreuzgang**. Hier sind noch einige Teile des spätromanischen Baus erhalten, auch die ursprüngliche bunte Bemalung wurde anläßlich einer Restaurierung in den späten dreißiger Jahren dieses Jahrhunderts freigelegt. Zu Stift Wilhering gehört eine Gartenanlage mit zahlreichen seltenen alten Bäumen, an deren hinterem Ende unscheinbar eine biedermeierliche Orangerie steht. Heute ist dem Stift ein Gymnasium angeschlossen, und die Stiftsgärtnerei genießt einen guten Ruf.
Wer den Ausflug donauaufwärts fortsetzt, gelangt in die alte Stadt **Eferding**, die Heimat der Schaunberger und der Starhemberg, wo Johannes Kepler seine zweite Frau Susanne kennenlernte und heiratete, in jenes *Everdingen*, in dem der Dichter des Nibelungenliedes Kriemhild übernachten läßt. Und wenn auch unter den Literaturhistorikern umstritten ist, ob der als »der Kürenberger« bekanntgewordene Minnesänger des 12. Jahrhunderts tatsächlich zu den Verfassern des Nibelungenliedes gehört, der Kürenberg, jener Hügelzug, der Linz von Wilhering und dem Eferdinger Becken trennt, hat schon lange vor den Nibelungen eine Burg getragen, und wer weiß, ob unter den Dichtern des Nibelungenliedes nicht doch ein Linzer gewesen ist...

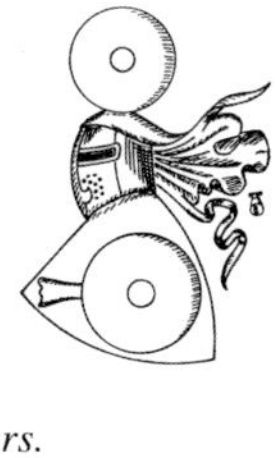

Oben: Das Wappen des Kürenbergers.
Links: Stiftskirche Wilhering. Zwischen gepflegt gestutzten Kegelbäumen ist der Bogen des romanischen Portals erkennbar.

Zwei typische Details der Linzer Altstadt: die Innenhöfe...

Linz in Zahlen

Sofern nicht anders angegeben, beziehen sich alle Zahlen auf das Jahr 1994.

Geographische Lage

nördliche Breite:	48° 18' 11"	
östliche Länge:	14° 17' 26"	
mittlere Seehöhe:	260 m	
Fläche:	9610,5 ha	
Grünland, Wald:	4738,2 ha	(49,3%)
Gewässer:	691,4 ha	(7,2%)
Bauland:	3134,2 ha	(32,6%)
Verkehrsflächen:	1046,7 ha	(10,9%)

Wohnbevölkerung

Wohnbevölkerung 1.1.1994	213.395
Volkszählung 1991	203.044

Verkehr

KFZ-Bestand	104000
davon PKW	84496
ESG-Verkehrsbetriebe	
Fahrgäste	78,9 Mio.

Verkehrsnetz

Straßenbahn	15,3 km
Autobus	100,2 km
Obus	18,8 km
Bergbahn	2,9 km
Straßennetz	525,0 km
Radwege	111,0 km

Universitäten/Hochschulen	Studenten
Johannes-Kepler-Universität	19750
Hochschule für künstlerische und industrielle Gestaltung	500
Katholisch-theol. Hochschule	360
Studenten insgesamt	20610

	Soziale Einrichtungen	Plätze
3	städt. Seniorenwohn- und Pflegeheime	874
7	priv. Seniorenwohn- und Pflegeheime	1182
6	städtische Kinderkrippen	221
2	private Kinderkrippen	31
45	städtische Kindergärten	3413
42	private Kindergärten	2303

...und die Fassaden.

Wirtschaft

Betriebe in der Stadt Linz	**6072**
Land- und Forstwirtschaft	40
Industrie, Gewerbe	1063
Handel	1660
Private/ öffentliche Dienste	3309
Arbeitsplätze	**178733**
Energieversorgung	2908
Gewerbe, Industrie	49301
Handel	23905
Fremdenverkehr	3068
Verkehr, Transport	2260
Geld- und Kreditwesen	6064
Privatversicherungen	4028
Private/ öffentliche Dienste	79849
Selbständige	7350

Fremdenverkehr

Bettenangebot Hotels	2901
Übernachtungen	465374
Ausländer	221287
Inländer	244087

Umwelt (Emissionen)

gesamt	1985	46458	Tonnen
	1994	12443	Tonnen
NOx	1985	18237	Tonnen
	1994	7344	Tonnen
SO_2	1985	18572	Tonnen
	1994	2400	Tonnen
Staub	1985	9649	Tonnen
	1994	2699	Tonnen

Haushaltsplan 1994

Budgetvolumen	8072 Mio. Schilling
Investitionen	1902 Mio. Schilling
Kulturbudget	473 Mio. Schilling
Soziales	576 Mio. Schilling

Gemeinderat	61 Mandate
SPÖ	29 Mandate
ÖVP	15 Mandate
FPÖ	12 Mandate
VGÖ	3 Mandate
GALL	2 Mandate

Ausflüge

Dank seiner geographischen Lage und den hervorragenden Verkehrsverbindungen ist Linz auch ein idealer Ausgangspunkt für Ausflüge in die nähere und weitere Umgebung – selbst Tagesausflüge nach Salzburg und ins Salzkammergut sind von hier aus kein Problem. Die folgenden Ausflugstips wollen Hinweise und Anregungen geben, erheben aber keinen Anspruch auf Vollständigkeit – eine detaillierte Beschreibung aller Sehenswürdigkeiten würde den Rahmen dieses Buches bei weitem sprengen.

Barock im Traunviertel – St. Florian

»Aus dem durchaus nicht bemerkenswerten, mäßig hügeligen Land,
durch kein topographisches Stichwort gerade zu diesem Platz ermutigt,
wächst aus dem Boden ein Weltwunder …
St. Florian erblüht aus diesem uninteressanten Land,
dem man dies ebensowenig zutraute wie Bruckners Musik...«
[Hans Weigel]

Der Legende nach wurde im Jahre 304 der römische Amtsvorsteher Florianus wegen seines christlichen Glaubens in die Enns gestürzt und ertränkt. Als sein Leichnam angeschwemmt wurde, brachte ihn die Römerin Valeria zu jenem Ort, den ihr eine Vision als seine Begräbnisstätte gezeigt hatte, und setzte ihn feierlich bei. Die symbolische Darstellung späterer Zeit – ein Gefäß mit Wasser – hat dazu geführt, daß St. Florian zum Beschützer vor Bränden und zum Patron der Feuerwehren wurde.
Bereits in karolingischer Zeit hat ein Kloster in St. Florian bestanden, das 1071 den regulierten Chorherren übergeben wurde. Grabungsfunde in der Kirchengruft haben ergeben, daß höchstwahrscheinlich seit der Zeit der Völkerwanderung immer eine Kirche an der Stelle der heutigen gestanden ist. Selbst römische Mauerspuren wurden entdeckt. Der erste urkundlich erwähnte Kirchenbau stammt aus dem 11. Jahrhundert, er wurde bei einem Brand 1235 zerstört. Vom daraufhin entstandenen Neubau ist die Krypta erhalten, auch der Mauerkern des Langhauses und des südlichen Turmes. Ab 1686 wurden Stift und Kirche praktisch zur Gänze neu erbaut. Da nach der Legende die Klosterkirche über dem Grab des hl. Florian errichtet worden war, konnte der Neubau des Stifts nicht in der im Barock üblichen Weise angeordnet werden. Die Architekten waren gezwungen, die Grundformen des mittelalterlichen Klosters beizubehalten, und sie haben diese Aufgabe in eindrucksvoller Weise gemeistert. An die im Norden der Anlage gelegene Kirche schließt sich das um zwei kleine und einen prunkvollen großen Innenhof angelegte Klo-

Vorige Doppelseite: Der Attersee, das »Meer der Linzer«.

Stift St. Florian. Im Vordergrund der Marmorsaal, rechts das Sommerrefektorium, links vor dem Stiftsportal mit dem Turm der mächtige Meierhof, heute Feuerwehrmuseum.

stergebäude an, das mit dem Südflügel – dem Prunkflügel – die umliegende Landschaft beherrscht.

Die **Stiftskirche** ist wohl das Hauptwerk Carlo Antonio Carlones, der sie zusammen mit dem ersten Bauabschnitt des Klosters entworfen hat. Die Schauseite der Kirche ist dreigeschossig, mit toskanischen Pilastern im unteren und korinthischer Ordnung in den oberen Geschossen. Zwei Türme (der südliche im Kern gotisch) flankieren und überragen die Fassade. Wirkt die Kirche von außen schon großartig, so übertrifft das Innere die Außengestaltung noch bei weitem: Hier sind wir in einem reichen Kloster am Höhepunkt des Barocks, da wird mit Prunk *ad maiorem Dei gloriam* nicht gespart. Der Stuck der Innenausstattung stammt von Bartolomeo Carlone, der Freskenschmuck von Johann Anton Gumpp und Melchior Steidl. Der Hochaltar ist aus rotem Salzburger Marmor und wurde von Johann Baptist Colomba 1683–90 errichtet. Eigentlich ist alles an diesem Kirchenraum sehenswert, besonders hervorgehoben werden sollen das Chorgestühl (1690/91) und die Musiktribünen im Chor (alles vom Linzer Adam Franz), diverse Statuen von Leonhard Sattler (ab 1718) und natürlich die Brucknerorgel von Franz Xaver Krismann.

Unter der Kirche befindet sich die Krypta, in der unter anderem ein schönes Grabmal für Königin Katharina von Polen (gest. 1572) steht. Hauptanziehungspunkt ist aber sicherlich der schlichte Sarkophag Anton Bruckners, der seinem Wunsche entsprechend hier, unmittelbar unter seiner geliebten Orgel beigesetzt wurde. Im Jahr des 100. Todestages des Meisters 1996 wird das Stift die Landesausstellung »Bruckner in Oberösterreich« beherbergen, aus diesem Anlaß erfolgte jüngst eine umfassende Renovierung der Kirche.

Blick vom Innenhof auf den Marmorsaal des Stiftes.

Die zahlreichen Schädel und Knochen im Hintergrund der Krypta wurden bei Grabungsarbeiten gefunden und stammen aus einer frühen Grabanlage des 4. Jahrhunderts.

Das **Stiftsgebäude** wurde in seiner Anlage noch von Carlo Antonio Carlone geplant, aber von ihm nur bis zum Hauptportal fertiggestellt. Nach seinem Tode 1708 übernahm Jakob Prandtauer die Bauleitung, nach dessen Tod 1726 wurden Jakob Steinhuber und schließlich dessen Sohn Michael Bauleiter, der den riesigen Bau auch beendete. Die lange Westfassade wirkt ruhig und eindrucksvoll, der Turm mit Helm und Laterne über dem Portal verhindert, daß der Bau langweilig aussieht. Tritt man durch das Portal in den großen Hof, so fallen sofort die Mittelrisalite der Fassaden (außer an der früher fertiggestellten Nordseite) auf. Sie entsprechen dreien der wichtigsten und schönsten Bauteile des Klosters: dem Treppenhaus, dem Marmorsaal und dem Bibliothekssaal.

Das reich ausgestattete Treppenhaus läßt sich kaum beschreiben, aber seine Eleganz ist beeindruckend. An jedes Detail wurde gedacht, selbst die bei Treppen unvermeidbaren Zwickel sind durch ornamentiertes Gitterwerk zu Schmuckelementen geworden. Der Südflügel des Gebäudes wird vom über zwei Stockwerke reichenden Marmorsaal dominiert, eine rechteckige Halle mit hohem Spiegelgewölbe. Während im Sockelbereich tatsächlich Marmor verwendet wurde, sind die Marmorteile der zahlreichen Pilaster »nur« stuckiert. Ein riesiges Deckengemälde von Bartolomeo Altomonte (nach Entwurf von Martino) verherrlicht die Siege Österreichs und Ungarns über die Türken – man war nicht nur reich, sondern auch patriotisch! Schließlich beherbergte

St. Florian ja auch immer wieder die durchreisenden Mitglieder des Kaiserhauses, wovon die reich ausgestatteten Kaiserzimmer noch heute zeugen. Im Ostflügel liegt die große Bibliothek des Klosters. 130.000 Bände, darunter 800 Handschriften und ebensoviele Inkunabeln, stellen einen unschätzbaren Wert dar. Auch der Bibliothekssaal selbst (von Gotthard Hayberger aus Steyr 1744–50 erbaut) ist beeindruckend. Vergleicht man ihn mit dem früher entstandenen Marmorsaal, so erkennt man die künstlerische Weiterentwicklung des Barocks: Während jener noch die klaren und vergleichsweise strengen Formen des Hochbarocks aufweist, erscheint die Bibliothek wie aus einer weicheren Masse geformt. Als Pavillon springt das Sommerrefektorium in den Garten vor, ebenso prächtig ausgestattet wie die übrige Klosteranlage.

Schloß Weinberg bei Kefermarkt.

Man sollte nicht versäumen, den Sammlungen des Klosters einen Besuch abzustatten: Besonders interessant sind zwei Holzstatuen des hl. Florian um die Wende des 13. zum 14. Jahrhundert und der Sebastiansaltar von Albrecht Altdorfer. Zahlreiche weitere Werke der Donauschule und eine Sammlung von Gemälden des 17. und 18. Jahrhunderts sind auch deswegen bemerkenswert, weil sie nicht in späterer Zeit angekauft wurden, sondern seit ihrer Entstehung dem Stift oder den Stiftspfarren gehören.

Im Stiftsmeierhof von St. Florian, ebenfalls einem enorm großen barocken Gebäude, ist – wo gäbe es einen passenderen Ort – das größte **Feuerwehrmuseum** Österreichs untergebracht, mit funktionsfähigen Exponaten von der Handspritze bis zum modernen Tanklöschfahrzeug. Nahe St. Florian steht das **Jagdschloß Hohenbrunn** von Jakob Prandtauer, das heute das Oberösterreichische Jagdmuseum beherbergt. Der **Sumerauerhof** – ein in seiner Bausubstanz seit 1856 unveränderter, typisch oberösterreichischer Vierkanthof – war schon seit dem 13. Jahrhundert Zehenthof des Stifts und dient heute als Freilichtmuseum. Schließlich sei auch noch die **Museumsbahn** St. Florian erwähnt, die zwischen dem Pichlinger See bei Linz und St. Florian verkehrt und den Rest einer in den siebziger Jahren aufgelassenen Straßenbahnverbindung von Linz nach St. Florian darstellt.

☞ St. Florian liegt südöstlich von Linz und ist mit dem Bundesbus ab Busbahnhof Linz oder über die Westautobahn (A7/A1 Richtung Wien) bzw. die Bundesstraße 1 zu erreichen. Die Räume und Sammlungen des Stifts sind nur im Zuge von Führungen zugänglich. Auskünfte über Führungen erteilt das Stift, Tel. +7224/8902-0, Fax 890360. Nähere Informationen zu St. Florian und Umgebung erhält man beim Tourismusverband, 4490 St. Florian, Tel. und Fax +7224/5690.

Gotik im Mühlviertel – Kefermarkt, Freistadt, St. Michael

»Der Hochaltar ist aus Lindenholz geschnitzt, steht wie eine Monstranze auf dem Priesterplatze ... Es waren die Gestalten des heiligen Petrus des heiligen Wolfgang – beide in Bischofsgewändern – und des heiligen Christophorus, wie er das Jesuskindlein auf der Schulter trägt, und wie dasselbe nach der Legende dem riesenhaft starken Manne schwer wie ein Weltball wird, und seine Kräfte erschöpft, welche Erschöpfung in der Gestalt ausgedrückt ist.«
[Adalbert Stifter, Der Nachsommer]

Der gotische Schnitzaltar von **Kefermarkt** gehört zu den schönsten in ganz Europa, man sollte nicht versäumen, ihn zu besichtigen. Die dreischiffige Kirche wurde 1470–76 im Auftrage des Christoph von Zelking, des Herren des oberhalb des Ortes gelegenen Schlosses Weinberg, erbaut. Diese fünfjochige Kirche erhielt 1490 einen neuen kreuzrippengewölbten Chor, um den gleichzeitig in Auftrag gegebenen großen Altar zu beherbergen. In diesem Jahr hatte Christoph von Zelking auch sein Testament verfaßt und für die Errichtung des Altares Gelder bis 1497 bereitgestellt. Er starb tatsächlich 1491, sein Marmorgrab ist ebenfalls in der Kefermarkter Kirche zu finden. Der Hochaltar wurde von unbekannten Schnitzern gearbeitet, wobei die Figuren im Schrein, die drei überlebensgroßen Statuen des hl. Wolfgang zwischen Petrus und Christophorus, jedenfalls von einem Meister gearbeitet wurden, während die Flügelreliefs wohl aus einer richtigen »Werkstatt« stammen. Auf den Seitenflügeln sind vier Szenen dargestellt: die Verkündigung Mariens, die Weihnacht, die Anbetung der Könige und der Tod Mariae. Durch die Restaurierung der Jahre 1852–55 unter Aufsicht von Adalbert Stifter, ausgeführt durch den Bildschnitzer Johann Rint, ist der Rest der farbigen Fassung verlorengegangen. Wenn man aber die Details des Altars genauer betrachtet, erkennt man etwa auf dem Kopfkissen der Todesszene noch Spuren der Bemalung – das Kissen war kariert, wie dies auch heute noch im ländlichen Raum üblich ist. Überhaupt ist der Altar voller kleiner und kleinster Details, die man in aller Ruhe entdecken und genießen sollte. Die Bildschnitzer haben sogar in der Laterne Josefs, die von der Schauseite gar nicht einsehbar ist, die brennende Kerze dargestellt!
Schloß Weinberg wurde 1305 erbaut, seine heutige Gestalt erhielt es Ende des 16. Jahrhunderts. Im Innenhof findet man einen hübschen Ziehbrunnen von 1589 mit Tretantrieb. Die Schloßkapelle wurde nach einem Brand 1617 ab 1635 neu errichtet und ist mit Deckenstuck von Bartolomeo Carlone verziert. Erhalten geblieben ist auch die Schloßapotheke aus dem 17. Jahrhundert, sie steht heute im Schloßmuseum in Linz. Der Meierhof vor dem Schloß beherbergt übrigens die erste Gasthausbrauerei des Landes.
Freistadt wurde unter den Babenbergern planmäßig angelegt und 1241 zur Stadt erhoben. Der mittelalterliche Stadtkern ist samt der Stadtmauer völlig erhalten. Am besten spaziert man einfach bei einem Stadttor hinein (etwa

Der Schrein des Kefermarkter Altars.

dem Linzer Tor im Süden), durchwandert die kleine Stadt bis zum Böhmertor im Norden und spaziert um die Stadtmauer wieder zurück. Dabei gelangt man zum **Hauptplatz,** an dessen Südseite die **Stadtpfarrkirche** liegt. Sie ist ein schönes Beispiel für das Schicksal der oberösterreichischen Kirchen: Zwischen dem 13. und dem Ende des 15. Jahrhunderts mehrmals erweitert und umgestaltet, wurde der gotische Bau um 1690 innen und 1735/36 im Turmbereich barockisiert. Die Wiederentdeckung der »altdeutschen« Kunst im 19. Jahrhundert führte zu einer Regotisierung, bei der auch ein Teil der barocken Ausstattung verlorenging. An der Nordostecke des Platzes liegt der Zugang zum ehemaligen landesfürstlichen **Schloß**, das ausgehend vom Bergfried ab 1363 errichtet wurde. Im Inneren beherbergt das Schloß, das zwischenzeitlich auch als Kaserne gedient hat, das **Mühlviertler Heimathaus**, ein Museum mit einer schönen Sammlung der für diese Gegend typischen Hinterglasbilder. Die meisten der Bürgerhäuser sind im Kern gotisch

St. Michael.

und stammen aus dem 14. und 15. Jahrhundert. Die Schauseiten wiederum sind barock und geben zusammen mit den sichtbaren gotischen Tür- und Fenstergewänden und den Breiterkern ein reizvolles Bild. Besichtigen sollte man auch noch die **Liebfrauenkirche** nördlich des Böhmertores. Sie entstand Mitte des 15. Jahrhunderts auf den Ruinen des zerstörten Vorgängerbaus und beeindruckt durch ihre Einheitlichkeit.

Nur wenige Kilometer nordöstlich von Freistadt liegt die kleine Ortschaft **Oberrauchenödt**, und auf dem Hügelkamm oberhalb der Ortschaft wiederum steht die Kirche **St. Michael**. Die kleine Steinkirche mit ihrem Türmchen ist ein spätgotischer Neubau (um 1510) auf den Grundmauern einer romanischen Kirche, die ihrerseits eine Holzkirche aus dem 11. Jahrhundert ersetzt hat. Das Kirchlein liegt malerisch auf seiner Kuppe, von der wehrhaften Mauer um Kirche und Mesnerhaus hat man einen wunderschönen Blick nach Norden wie nach Süden. Die Lage der Kirche ist typisch für die frühen Rodungskirchen der Streusiedlungen im Wald – die Ortschaften entstanden erst nach und nach. Im Inneren bezaubert die zweischiffige Hallenkirche durch ihr Sternrippengewölbe, und den kleinen netzrippengewölbten Chor füllt ein Flügelaltar aus, dem man seine Verwandtschaft mit dem Kefermarkter Altar gleich ansieht. Die Altarmitte nehmen Statuen des hl. Nikolaus, des hl. M ichael und des hl. Stephan ein, auf den Flügeln ist die Legende des hl. Nikolaus und des hl. Stephan dargestellt. Der Altar ist kleiner und jünger als jener in Kefermarkt, aber dafür ist hier die Fassung erhalten – er erstrahlt in jener Farbgestaltung, die man sich auch für den großen Altar dort vorstellen muß.

☞ *Kefermarkt* und *Freistadt* sind von Linz aus mit der Bahn zu erreichen. Die Straßenverbindung führt über die Mühlkreisautobahn A7 und die B125, von der man nach Kefermarkt abzweigt. *St. Michael ob Rauchenödt* liegt in der Gemeinde Oberrauchenödt und ist über die B41 Richtung Sandl zu erreichen, die knapp hinter Freistadt von der B125 abzweigt. Es gibt auch Bundesbus-Verbindungen. Man kann auch mit dem Rad fahren, allerdings sind dabei mehrere größere Steigungen zu bewältigen. Nähere Informationen erhält man bei der Tourismusregion Mühlviertel, Blütenstr. 8, 4040 Linz, Tel. +732/235020, 238155, Fax 712400.

Bei den Nachbarn – Böhmerwald und Moldaustausee

»...nachtperlich mit in haltn mügn und sich des freundlicher zu behelffn gegen den Pehamen... das ist für sy gottlich mit der latein und guet gewondlich mit der pehamischen sprach. Sy sullen auch woll deutsch lernen...«
[Christoph von Zelking an seine Söhne im Testament von 1490]

Die gute Nachbarschaft mit den »Pehamen«, den Böhmen, die schon Christoph von Zelking seinen Söhnen ans Herz gelegt hat, ist auch durch die Ereignisse der ersten Nachkriegsjahre und den Eisernen Vorhang nie wirklich gebrochen worden. Selbst in den Jahren, da das Grenzgebiet auf tschechischer Seite Sperrgebiet war, haben die Bauern der Ortschaften an der Maltsch ihre »drüben« liegenden Felder bewirtschaftet! Mit der Grenzöffnung wurde auch das Besuchsverbot für die grenznahe Region aufgehoben, und so ist es heute problemlos möglich, von Linz aus diese vierzig Jahre lang fast unberührt gebliebene Gegend zu besuchen.
Besonders reizvoll ist die Landschaft rund um den Moldaustausee, die Heimat Adalbert Stifters, der sie in vielen seiner Werke beschrieben hat. Es ist ein Gebiet zum Wandern, aber ein Halbtages- oder Tagesausflug mit dem Auto gibt ebenfalls einen Eindruck von dieser Gegend, die kulturell und geschichtlich so eng mit dem Mühlviertel verbunden ist. Fährt man von Linz aus über die B126 nach Norden, erreicht man die Grenze kurz hinter Bad Leonfelden. Von dort sind es nur wenige Kilometer bis **Hohenfurt** *(Vyšší Brod)*, Sitz eines Zisterzienserklosters, das 1259 von Mönchen aus dem Stift Wilhering gegründet wurde. Sehenswert sind die großartige Stiftskirche mit der Gruft der Rosenberger (sie waren die Herren dieser Gegend) und die Stiftsbibliothek. Wenige Kilometer östlich liegt der kleine Ort **Rosenberg** *(Rožmberk)*. Er wird von der doppelten Burg überragt, die – auf drei Seiten vom Fluß geschützt – auf einer Felszunge in einer Schlinge der Moldau liegt. Die alte Burg, deren Bergfried erhalten ist, wurde 1250 von Wok I. erbaut, die neue (mit wertvollen Sammlungen) nach dem Dreißigjährigen Krieg von den Grafen Buqoy. Die spätgotische Kirche des Ortes ist zumeist nur an Sonntagen geöffnet. Interessant die Überreste des alten jüdischen Friedhofes, ein jüngerer liegt hinter dem Ort. Von hier läuft eine malerische Straße vorbei an einer restaurierten Wassermühle die Moldau entlang nach Krumau *(Český Krumlov)*.
Von Hohenfurt führt eine Straße nach Westen zum Stausee. Ein paar Kilometer hinter Hohenfurt liegt links an der Straße ein Parkplatz, von dem man zur **Teufelsmauer** gelangt. Dabei handelt es sich um einen Durchbruch der Moldau durch eine Engstelle, mit der romantischen Teufelskanzel, einem Felsvorsprung über einer Steinwüste aus verstürzten Granitblöcken. An der Staumauer von Lipno gabelt sich die Straße, jene am Südufer des Stausees führt über Heuraffel (*Předný Vyton*, mit noch einer gotischen Kirche) zur Überfuhr nach Friedberg *(Frymburk)*. Von hier aus kann man in einer knap-

pen Stunde zur Ruine **Wittinghausen** *(Vítkův Kamen)* wandern, die von Stifter nicht nur beschrieben wurde (im »Hochwald«), sondern auch gemalt. Wer mit dem Rad unterwegs ist (eine anstrengende, aber lohnende Tour), kann auf der Südseite weiterfahren bis zur Oberplaner Fähre, mit dem Auto überquert man an dieser Stelle den See und gelangt nach **Friedberg** *(Frymburk)*, das man auch von Hohenfurt her über die Straße nördlich des Sees erreichen kann. Friedberg ist ein kleiner Markt mit dem für diese Gegend typischen Breitanger als Dorfplatz in der Mitte, hier zu einer schattigen Anlage mit einem sehenswerten Stifterdenkmal gestaltet. In Friedberg lebte Stifters große Liebe Fanny Greipl, von hier stammte sein Gönner Andreas von Baumgartner, späterer kaiserlicher Finanzminister, und aus Friedberg stammte auch Simon Sechter, Lehrer Anton Bruckners und sein Vorgänger als Professor am Konservatorium in Wien. Die Kirche ist – wie fast alle Kirchen dieser Gegend – im Kern gotisch und hat eine hübsche barocke Ausstattung. Von Friedberg führt die Straße weiter über Schwarzbach *(Černa v Pošumavy)* Richtung **Oberplan** *(Horný Planá)*. Bei Schwarzbach zweigt eine Verbindungsstraße ab, die über den barocken Wallfahrtsort Maria Gojau *(Kajov,* mit interessanter Kirche, derzeit in Renovierung) nach Krumau führt. Oberplan selbst ist der Geburtsort Adalbert Stifters, am Ortsanfang rechts steht sein Geburtshaus mit einem kleinen Museum. Oberhalb des Dorfplatzes befindet sich die Kirche (hl. Margarethe) mit einigen Freskenresten und prächtigen Barockaltären. Neben dem Eingang liegt das Grabmal von Stifters Mutter. Oberhalb der Kirche führt ein Fußweg zum Stifterdenkmal und zur barocken Gutwasser-Kapelle (1777–79). Von der Gutwasser-Anhöhe aus genießt man einen herrlichen Blick auf den Stausee und die Gipfel des Hochficht und des Plöckensteins. Fährt man von Oberplan weiter nach Neuofen *(Nová Pec)* auf die Südseite des Sees, erreicht man nach kurzer Wanderung den Schwarzenbergschen Schwemmkanal. Dieses insgesamt 90 km lange Kanalsystem entstand schrittweise ab 1789 nach Plänen des Forstingenieurs Josef Rosenauer. Der Kanal diente dazu, das im Böhmerwald gefällte Holz über die kontinentale Wasserscheide hinweg zur Donau zu transportieren. Die Holzscheiter (es handelte sich um Brennholz für Wien) wurden durch steinerne Rinnen geschwemmt, wobei das Wasser der zahlreichen Bäche vom Nordabhang des Plöckensteins je nach Bedarf zugeleitet wurde. Gräben überquert der Kanal auf Brücken, durch einen Hügel bei Hirschbergen *(Jeleni)* wurde sogar ein über 400 Meter langer Tunnel gegraben – eines der frühesten großen Tunnelbauwerke der Welt. Von der Eröffnung des Kanals bis zum Höhepunkt der Holztrift 1873 wurden insgesamt rund 14 Millionen Raummeter Holz nach Wien geschwemmt. Mit dem Vordringen der Eisenbahn und der Verwendung von Kohle als Brennmaterial verlor der Kanal seine Bedeutung, 1891 wurde der Betrieb größtenteils eingestellt, doch bis in die sechziger Jahre wurde noch zur Bahnstation Neuofen geschwemmt.

Den Schwemmkanal entlang führt der Wanderweg zum Plöckensteiner See, den man in etwa eineinhalb Stunden erreicht. Oberhalb des Sees steht ein Granitobelisk als Denkmal für Adalbert Stifter, zum Gipfel des Plöckensteins gelangt man vom See aus in einer knappen Stunde.

Krumau *(Český Krumlov)* kann man auch über Freistadt und den Grenzübergang Wullowitz erreichen. Die Stadt Krumau, von der UNESCO als bedeu-

Adalbert Stifters Geburtshaus in Oberplan.

tendstes kulturelles Reservoir Europas nach Venedig eingestuft, liegt in einer doppelten Schlinge der Moldau. Sie wird im Norden vom Schloß überragt, das auf einer Felszunge thront und durch die Moldau vom eigentlichen Stadtkern rund um die St.-Veit-Kirche getrennt wird. Das Schloß geht auf eine Gründung der Witigonen, der Stammfamilie der Rosenberger, zurück, die es bis 1600 innehatten. Über die Familie Eggenberg kam es 1719 durch Heirat in schwarzenbergischen Besitz. Ein Spaziergang durch das Schloß führt vom Mittelalter bis ins Rokoko – der hochaufragende Turm war das Kernstück der einstigen Festung, wenn er auch den Formen der Renaissance angepaßt wurde. Die Innenhöfe sind mit mehrfarbigen Sgraffito-Arbeiten verziert, und eine Führung durch die Innenräume enthüllt ein Panoptikum an Darstellungen und Spielereien. Der Maskensaal von 1748 etwa ist eine Mischung aus Illusionsmalereien und Spiegeln, die im Besucher die Illusion hervorruft, selbst an einem barocken Maskenfest teilzunehmen. Neben der Ausstattung der Räume weist das Krumauer Schloß als Besonderheit ein vollständig erhaltenes barockes Theater auf, in dem Originalkulissen ebenso vorhanden sind wie die Kostüme und eine hölzerne Bühnenmaschinerie.

Zu Füßen des Schlosses liegt der ehemals selbständige Stadtteil Latron, von hier erreicht man über eine hölzerne Brücke den Kernbereich der Stadt. Wohin man sich auch wendet, auf jeder Seite stößt man an die Moldau. Am oberen Stadteingang, der engsten Stelle nahe dem ehemaligen Jesuitenheim, sind die *beiden rechten* Moldauufer keine fünfzig Meter voneinander entfernt. Gotische Häuser mit Renaissancefassaden machen die eigentliche Stadt aus, in ihrem Herzen liegt der stimmungsvolle Marktplatz. Als Gegengewicht zum Turm des Schlosses wirkt in der Stadt die große Dekanatskirche (St. Veit), ein spätgotischer Bau mit schönen Ausstattungsdetails. Den größten Charme entfaltet Krumau am späten Nachmittag und frühen Abend, wenn das Licht weich wird und die Stadt in einen zauberhaften Wechsel von Hell und Dunkel taucht.

Salz und Granit – Mauthausen

»Wir werden einen gemeinsamen Weg beschreiten, [...] den Weg der Zusammenarbeit am großen Werk des Aufbaues einer neuen, für alle gerechten, freien Welt. Wir werden immer gedenken, mit welch großen blutigen Opfern aller Nationen diese neue Welt erkämpft wurde.«
[Appell des Internationalen Häftlingskomitees des KL Mauthausen, 16. Mai 1945]

Jahrhundertelang war Mauthausen nur ein kleiner Ort an der Donau, bevor es zum Synonym für nationalsozialistische Gewaltherrschaft wurde, und von dem aus dieser Zeit herrührenden schlechten Ruf hat sich der kleine Markt bis heute kaum erholt. Erstmalig urkundlich erwähnt wird »Muthusen« 1208, aber die Legende will, daß Friedrich I. Barbarossa schon 1198 den Ort zerstören ließ, weil man von ihm dort Maut eingefordert hatte. Im 14. Jahrhundert wurde die Ortschaft zum Markt erhoben, die Marktrechte wurden 1369 von Albrecht III. bestätigt. Aufgrund seiner günstigen Lage gegenüber der Ennsmündung und nur wenige Kilometer unterhalb der Mündung der Traun in die Donau wurde Mauthausen bald zu einem wichtigen Warenumschlagplatz, vor allem für das Salz, das hier umgeladen und weiter nach Böhmen und Ungarn transportiert wurde. 1491 ließ Lasla von Prag die Burg Pragstein erbauen, ein viergeschossiges Gebäude, das zur Flußseite hin zugespitzt ist. Ursprünglich lag es auf einer Felseninsel in der Donau, seit der Donauregulierung gehört die als Heimathaus dienende Burg zum Festland, die heutige Straße führt donauseitig an ihr vorbei. Oberhalb des Marktes, dessen Häuser überwiegend Barockfassaden (nach einem Großbrand 1668) aufweisen, liegt die Pfarrkirche (hl. Nikolaus). Sie wurde um 1490 errichtet und bezaubert durch ihr reiches Gewölbe. Der Hochaltar stammt von 1708, die Altarbilder sind von Johann Martin Schmidt. Südlich der Kirche steht ein romanischer Karner mit gotischem Aufbau. Im Inneren finden sich Reste der Wandmalereien aus der Erbauungszeit. Hübsch ist auch die Heinrichskapelle am östlichen Ortsausgang, der um 1400 entstandene Chor eines abgetragenen Kirchleins. Die zahlreichen Hochwassermarken an den Häusern erinnern daran, wie häufig das recht wohlhabende Städtchen unter der Donau zu leiden hatte.

Die Mauthausener Granitbrüche sind seit Jahrhunderten weithin berühmt – aus dem besonders gleichmäßigen und harten Stein wurden beispielsweise große Teile der Stadtpflasterung von Wien geschlagen. Die Steinbrüche und die relative Abgeschiedenheit Mauthausens waren auch der Grund dafür, daß im Ersten Weltkrieg hier ein Kriegsgefangenenlager eingerichtet wurde.

Kurz nach der Annexion Österreichs durch Hitlerdeutschland begannen die ersten Gespräche über die Errichtung eines Konzentrationslagers in der Nähe des »Wiener Graben« genannten Steinbruchs. Am 8. August 1938 kamen die ersten Häftlinge aus dem Konzentrationslager Dachau, sie mußten das Lager erbauen. Formell wurde der Steinbruch beim Lager von der SS-eigenen »Deutschen Erd- und Steinwerke GmbH« betrieben, in Wahrheit war er Teil des Vernichtungssystems. Zum Stammlager Mauthausen gehörten in der Folge

Idylle und Grauen: Eingebettet in die sanfte Hügellandschaft des Unteren Mühlviertels liegt das Öffentliche Denkmal und Museum Mauthausen, das ehemalige Konzentrationslager. Im Vordergrund der Steinbruch »Wiener Graben« mit der sogenannten »Todesstiege« ganz links, im eigentlichen Lagerbereich ist der »Appellplatz« hinter dem Lagertor deutlich erkennbar.

über 40 Außenlager in der ganzen »Ostmark«, in denen die Lagerhäftlinge in der Schwer- und Rüstungsindustrie unter unmenschlichen Bedingungen Zwangsarbeit verrichten mußten. Von den insgesamt rund 200.000 Häftlingen in diesem Konzentrationslager der Stufe III »verstarben« im gesamten Lagerbereich nach den Aufzeichnungen der SS mindestens 68.874. Die wirklichen Zahlen liegen wesentlich höher (wahrscheinlich bei über 90.000), weil zahlreiche Häftlinge (und ihre Ermordung) überhaupt nicht erfaßt wurden. So scheinen auch rund 4500 zur »Liquidierung« vorgesehene sowjetische Kriegsgefangene in den ansonsten penibel geführten Aufzeichnungen nicht auf. Als rund 500 von diesen Häftlingen am 2. Februar 1945 einen verzweifelten Massenausbruch unternahmen, veranstaltete die SS zusammen mit der durch Schreckensmeldungen von ausgebrochenen »Schwerverbrechern« in Angst versetzten Bevölkerung der Umgebung eine richtiggehende »Mühlviertler Hasenjagd« auf die Flüchtigen. Dem grausigen Morden entkamen höchstens 17 der Geflohenen, von denen zwölf namentlich bekannt sind. Sie wurden von mitleidigen Bauernfamilien bis Mai 1945 versteckt und versorgt – eine mutige Tat, denn den Rettern drohte ebenso der Tod wie ihren Schützlingen. Das Schreckensregime dauerte bis zum Ende: Noch am 28. April 1945, nur wenige Tage vor der Befreiung am 6. Mai, wurden 32 österreichische Widerstandskämpfer in Mauthausen durch Gas ermordet.

Nach der Befreiung diente das Lager vorübergehend den sowjetischen Truppen als Unterkunft, am 20. Juni 1947 wurde es von der Besatzungsmacht der Republik Österreich übergeben, die es als Mahn- und Gedenkstätte erhält. Das Gelände umfaßt ein Museum und zahlreiche Denkmäler der verschiedenen Staaten für die Opfer.

☞ Den Ort Mauthausen erreicht man über die B3 Richtung Perg, die Bahnverbindung führt über St. Valentin. Vom Donauradweg kann man ebenfalls Richtung Mauthausen weiterfahren, wenn man beim Kraftwerk Abwinden auf der linken Donauseite bleibt. Information: Tourismusverband Mauthausen, 4310 Mauthausen, Tel. 07238/2243, Fax 4282. Das ehemalige Konzentrationslager liegt etwa zwei Kilometer nordwestlich des Ortskerns auf einer Anhöhe. Das Öffentliche Denkmal Mauthausen ist geöffnet: 1. Feb.–15. Dez. Di–So 8.00–12.00 und 12.30–16.30, im Sommer bis 17.00.

Renaissance und Industriemuseum – Steyr

»Zwar, das österreichische Rothenburg, wie sie sich nennt, ist die Stadt nicht, schon aus dem Grund, daß eine Autofabrik mit Rothenburg kaum vereinbar scheint. Aber auf anheimelnde Weise verbindet sich hier wimmelnde Geschäftigkeit mit beschaulich behäbig antiquierten Partien.«
[Hans Weigel]

Rund 50 Kilometer südöstlich von Linz liegt die alte Eisenstadt **Steyr**. Sie entstand am Zusammenfluß von Enns und Steyr zu Füßen der erstmals um 990 erwähnten »Styrapurhc«, dem heutigen Schloß Lamberg. Die Stadt ist abgesehen von zahlreichen recht hübschen Einzelbauten und von den gut erhaltenen städtischen Ensembles deswegen so einzigartig, weil hier die urbane Struktur deutlich wie kaum anderswo die historische und ökonomische Entwicklung widerspiegelt. Jede neue Siedlungsschicht stieg eine Ebene höher auf den Abhängen der beiden Flußtäler und bewahrte so die vorhergehende vor tiefgreifenden Veränderungen.
Kernstück der Steyrer Innenstadt ist der lange, linsenförmige Stadtplatz, um den sich gotische Bürgerhäuser (zumeist mit Barock- oder Rokokofassaden) gruppieren. Das bekannteste davon ist das sogenannte »Bummerlhaus«, ein spätgotischer Profanbau, der wegen seines Hauszeichens, eines goldenen Löwen, der ein wenig an einen besonders gut genährten Mops (eben an ein »Bummerl«) erinnert, zu seinem volkstümlichen Namen gekommen ist. Dieser Teil Steyrs, mit dem sehenswerten Innerberger Stadel (heute Museum), mit der gotischen Stadtpfarrkirche und dem Rokoko-Rathaus, ist das Steyr der reichen Eisenhändler, also das bürgerliche Steyr des ausgehenden Mittelalters. Der Stadtteil Steyrdorf war hingegen die Siedlung der Handwerker – hier wurde weniger auf Repräsentation Wert gelegt, hier wurde jeder Winkel der Häuser für Werkstätten genutzt. Als im 14. Jahrhundert die Wasserkraft zunehmend Eingang in die Produktion hielt, entstand der Wehrgraben mit seinen Häusern. Ein etwas höher als die übrigen Steyr-Arme liegender Graben wurde durch ein raffiniertes System von Schleusen und Wehren dazu verwendet, das Wasser der Steyr je nach Bedarf auf die einzelnen Wasserrä-

der aufzuteilen, von denen wiederum Hammerwerke und andere Zeugstätten angetrieben wurden. Lang vor der industriellen Revolution wurden hier Massenartikel für den Export erzeugt, Messer etwa, die eine damals kaum gekannte Arbeitsteilung erforderten und damit auch das soziale Gefüge der Handwerksbetriebe veränderten. Der Wehrgraben blieb bis Mitte des 19. Jahrhunderts die große Produktionsstätte in Steyr, und es ist kein Zufall, daß hier in einem alten Fabriksgebäude ein in seiner Art einmaliges Museum eingerichtet wurde: das Museum Arbeitswelt.
Den größten Entwicklungsschub hat Steyr zweifellos durch den Industriellen Josef Werndl erfahren. Bereits sein Vater – einer seit 1661 als Nagelschmiede nachweisbaren Steyrer Familie entstammend – vollzog den Schritt von der Manufaktur zum Industriebetrieb. Unter dem 1831 geborenen Sohn wurde die väterliche Fabrik für Gewehrbestandteile ab 1853 zu einem Weltkonzern ausgebaut, der vor allem von der Waffenproduktion lebte. Die Steyrer Gewehre (System Werndl-Holub) dienten auf der ganzen Welt kriegerischen Zwecken, und bald war die Werndlsche Waffenfabrik auf ein Dutzend Gebäude im ganzen Wehrgraben verteilt. Ab 1894 wurden in Steyr die bis heute bekannten schweren »Waffenräder« erzeugt. Um die Jahrhundertwende übersiedelte die gesamte Industrieproduktion der Steyr-Werke auf ein neues Areal unterhalb der Ennsleiten. Und wieder entstanden neue Produktions- und Wohnviertel, auch weil die Steyr-Werke ab 1920 Autos herstellten und 1925/26 die Fließbandproduktion einführten. Die Kämpfe des Februar 1934 tobten in Steyr besonders heftig, einerseits weil die Arbeiterschaft außer ihrer Not (von 22.000 Einwohnern waren über 11.000 auf Unterstützung angewiesen) kaum etwas zu verlieren hatte, andererseits weil die Arbeitersiedlungen auf der Ennsleiten fast uneinnehmbare Festungen darstellten.

Steyr pur: Vor dem Rathaus steht rechts ein »Steyr-Baby«, das wohl berühmteste unter den Steyrer PKW-Modellen.

Der Zweite Weltkrieg brachte den Steyr-Werken und der Stadt einen großen Aufschwung, wiederum entstand ein neues Viertel (Münichholz) für die neu erbaute Kugellagerfabrik. Wegen ihrer Waffenproduktion wurde die Stadt auch schwer bombardiert, aber der historische Kern blieb weitgehend erhalten.
All diese Etappen des Werdens einer Stadt sind heute noch im Stadtbild ablesbar – die Sehenswürdigkeiten Steyrs lassen sich eben nicht nur auf

Das Stodertal in der Region Pyhrn-Eisenwurzen auf einer Aufnahme um die Jahrhundertwende. An der Schönheit der Landschaft hat sich bis heute nichts geändert.

Gebäudenamen wie das Schnallentor, Christkindl oder das Bürgerspital reduzieren.

Steyr ist auch das Tor zur Ferienregion **Pyhrn-Eisenwurzen,** die die beiden Täler der Steyr und der Enns umfaßt. Kulturelle Höhepunkte – etwa die Stiftskirche von Spital am Pyhrn oder die hübschen spätgotischen Häuser des Marktes Weyer – vereinigen sich hier mit einem umfassenden touristischen Angebot im Sommer wie im Winter. Eingebettet ist das Ganze in eine Gebirgslandschaft, über die Hans Weigel schon Mitte der fünfziger Jahre geschrieben hat: »Die gleiche Landschaft müßte sich in einem Kanton statt in einem Bundesland befinden, entsprechend Reklame machen und bequem erreichbar sein, dann wäre sie – ja, sie wäre überlaufen und weltbekannt, noch ebenso schön, aber weniger genußreich.« Und dem ist eigentlich nichts hinzuzufügen.

☞ *Steyr* erreicht man über die Westautobahn A1 Richtung Wien und ab Ausfahrt Enns über die B337. Eine Bahnverbindung führt über St. Valentin, der Bundesbus fährt ab Linz Busbahnhof. Steyr liegt am Kulturradweg Linz–Wels–Steyr. Nähere Informationen zu Steyr erhält man beim Tourismusverband Steyr, Stadtplatz 27, 4400 Steyr, Tel. +7252/53229, Fax 53229-15. Die Tourismusregion *Pyhrn-Eisenwurzen* hat ihren Sitz in 4560 Kirchdorf an der Krems, Am Kirchenplatz 7–9, Tel. +7580/2450, Fax 4907.

Kur und Kaiser – Das Salzkammergut

»Gott hat Kärnten sonnig geschaffen, auf daß es die Menschen aus allen Richtungen anziehe, aber das Salzkammergut hat er regnerisch werden lassen, um nicht alle andern Landstriche zu entvölkern ... Ein leicht erreichbares und vorwiegend sonniges Salzkammergut wäre zu paradiesisch, zu vollkommen.«
[Hans Weigel]

»Aber in Ischl regnet's Kamillentee ...«
[Angeblicher Ausspruch Kaiser Franz Josephs]

Tatsächlich ist das Salzkammergut mit seinen über 70 Seen unterschiedlichster Größe ein bevorzugtes Urlaubs- und Erholungsgebiet für in- und ausländische Gäste – ungeachtet des erwähnten »Schnürlregens«. Trotz des einheitlichen Namens ist es keine geschlossene Region: Es liegt auf dem Gebiet dreier Bundesländer (Oberösterreich, Salzburg, Steiermark) und reicht von der sanft hügeligen Landschaft des Voralpenlandes bis zur schroffen Bergwelt der Nördlichen Kalkalpen. Eine knappe Auto- oder Bahnstunde von Linz entfernt, ist es ein ideales Ziel für Tagesausflüge.
Gmunden am **Traunsee** ist sozusagen das Tor zu jener Gegend, die lange Zeit unmittelbar dem kaiserlichen Hofärar unterstand und aus der in Form von Salz ein ganz erheblicher Teil jenes Reichtums gekommen ist, mit dem beispielsweise die Haupt- und Residenzstadt Wien ausgeschmückt wurde. Gmunden wird um 1280 erstmals urkundlich erwähnt und weist seit dem 13. Jahrhundert Stadtcharakter auf. Seine Lage am See und den Ufern der Traun machten es zu einer bedeutenden Handelsstadt, in der auch die Verwaltungsbehörde für das Salinenwesen, das in Österreich sprichwörtliche »Salzamt«, ihren Sitz hatte. Kernstück der Stadt sind der Rathausplatz mit dem reizvollen Rathaus und das nicht weit davon liegende Kammerhofgebäude, eben das ehemalige Salzamt, das heute ein Museum beherbergt. Die Stadt wird von der gotischen Pfarrkirche überragt, die aus dem 14. Jahrhundert stammt. Ein Spaziergang durch die Altstadt führt an zahlreichen spätgotischen Wohnhäusern vorbei, aber die meisten Besucher wird es wohl an das Seeufer ziehen, von wo man einen herrlichen Blick auf den steil in den See abfallenden **Traunstein** hat. Die reizvolle Lage hat nicht nur die zahlreichen Mitglieder der kaiserlichen Familie angezogen, in der beliebten Sommerfrische fühlten sich auch Künstler und Schriftsteller wie Johannes Brahms und Friedrich Hebbel wohl. Am südlichen Stadtrand liegt Schloß Orth, ein romantisches Wasserschloß im See, das bereits 1138 urkundlich erwähnt wurde und das gotische und Renaissance-Elemente vereint.
Die Traunseeuferstraße führt weiter über **Altmünster** (mit schöner Pfarrkirche) nach **Traunkirchen**. Auf einer in den See ragenden Felsnase liegt malerisch die Pfarrkirche (Maria Krönung), ehemals zum aufgelassenen Nonnenkloster gehörig und eines der meistphotographierten Motive dieser an Motiven so reichen Gegend. Nicht entgehen lassen sollte man sich die »Fischerkanzel« von 1753 mit den Darstellungen des wunderbaren Fisch-

zugs. Am oberen Ende des Sees liegt **Ebensee**, Zentrum der Salzverarbeitung mit einer großen Saline und chemischen Werken. Hier lag eines der berüchtigtsten Außenlager des Konzentrationslagers Mauthausen, Reste und eine kleine Gedenkstätte befinden sich am südlichen Ortsende.

Durch das Tal der Traun gelangt man in die ehemalige kaiserliche Sommerresidenz **Bad Ischl**, damals wie heute ein beliebter Kurort. Die gesamte Stadt atmet das Flair des 19. Jahrhunderts. Ihre rapide Entwicklung begann, als auf Anraten des Arztes Dr. Wirer die bis dahin kinderlose Erzherzogin Sophie nach Ischl zur Kur gefahren war und sich prompt der »Salzprinz« einstellte – der spätere Kaiser Franz Joseph. Der Markt Ischl wurde zum Modebad Ischl, und mehr als anderswo spürt man hier noch einen leisen Hauch der versunkenen Welt der Donaumonarchie. Die Konditorei Zauner gehört zu jenen Orten, an denen man jederzeit das Gefühl hat, der Kaiser persönlich müsse gleich durch die Tür kommen, die Kaiservilla hingegen ist viel zu sehr Museum, um solche Gedanken aufkommen zu lassen. Bad Ischl war in der Zwischenkriegszeit der Hort der Operette, wovon die Lehár-Villa beredtes Zeugnis ablegt. Kein Wunder, daß in der Sommersaison in Bad Ischl jedes Jahr Operettenwochen abgehalten werden!

Über Bad Goisern führt die Straße weiter ins steirische Salzkammergut nach **Bad Aussee**, an den **Grundlsee** und weiter zum einsamen **Toplitzsee**. Hier wie an den anderen Seen hatten und haben sich Schriftsteller und Schauspieler niedergelassen – ein Verzeichnis der prominenten Ferien- und Dauergäste der letzten hundert Jahre liest sich wie ein *Who is Who* der Literaten- und Theaterbranche.

Entweder von Bad Goisern oder von Bad Aussee aus erreicht man den **Hallstättersee** und **Hallstatt**. Hier wird seit keltischer Zeit Salz abgebaut, hier wurden Mitte des 19. Jahrhunderts jene Funde gemacht, die der »Hallstattzeit« ihren Namen gegeben haben. Der kleine, eng an den Berg geschmiegte Ort mit seinen alten Häusern ist einer der Hauptanziehungspunkte der Region, und allein schon seine zweischiffige gotischen Kirche mit den beiden Chören rechtfertigt einen Besuch. Eine Besonderheit ist der Karner, das Beinhaus: Weil der Friedhof so klein ist, wurden lange Zeit die Knochen der Verstorbenen nach wenigen Jahren ausgegraben und im Karner gestapelt, die Schädel sogar fein säuberlich mit dem Namen und den Daten des Toten und häufig mit Verzierungen bemalt.

Vom Hallstättersee zweigt die Straße nach **Gosau** ab, einem Luftkurort, der vor einem der wunderbarsten Talschlüsse der Alpen liegt: Über dem **Gosausee** erhebt sich majestätisch das Massiv des Dachsteins und spiegelt sich bei schönem Wetter im überraschend warmen Seewasser.

Von Bad Ischl führen zwei Straßen über den Höhenrücken, der das Trauntal von den äußeren Seen des Salzkammerguts trennt: Die Salzkammergutstraße (B158) führt zum Wolfgangsee, die B153 zum Attersee.

Der **Attersee** ist sozusagen das Meer der Linzer. Als größter der Salzkammergutseen liegt er im Alpenvorland, nur an seinem südöstlichen Ufer zwischen Steinbach und Unterach reichen die schroffen Felsen bis zum Wasser. Eine schmale Straße führt vom Südufer des Attersees zum **Mondsee**, an dessen Nordende der gleichnamige Ort liegt. In ihm steht die sehenswerte ehemalige Stiftskirche, heute Pfarrkirche St. Michael. Die Kirche des bereits im 11. Jahr-

Der Gosausee mit dem Dachstein auf einer Aufnahme der Jahrhundertwende.

hundert gegründeten Klosters wurde im 17. und 18. Jahrhundert mehrmals umgestaltet, die Mischung der ursprünglichen gotischen Elemente mit der barocken Ausstattung hat einen eigenen Reiz. Bleibt man – vom Attersee kommend – am Westufer des Mondsees, so gelangt man auf einer engen, romantischen Straße unterhalb des Steilabfalls des Schafbergs zur B154, die zum **Wolfgangsee**, genauer gesagt zum beliebten Ferienort **St. Gilgen**, führt. Über die Salzkammergutstraße erreicht man Strobl und weiter **St. Wolfgang,** wohin von St. Gilgen aus auch eine Dampferverbindung führt. St. Wolfgang ist vor allem für seine Pfarrkirche berühmt, in der gleich zwei Altäre als Kunstwerke ersten Ranges aufscheinen: der gotische Schnitzaltar von Michael Pacher (1471–81) und der barocke Doppelaltar von Thomas Schwanthaler (1675/76). Das aus Operette und Film bekannte »Weiße Rössl« gibt es tatsächlich, wenn dort auch heutzutage nicht mit so viel Gesang serviert wird... Die Schafbergbahn, eine Zahnradbahn, schnauft schon seit hundert Jahren den Schafberg hinauf, und die Aussicht von oberhalb des Steilabfalls zum Mondsee gehört zu den schönsten unter den unzähligen schönen, die das Salzkammergut zu bieten hat.

Bei der Fülle von Sehenswürdigkeiten, die diese Region bietet, konnte nur ein ganz knapper Überblick gegeben werden – vieles bleibt ungenannt und harrt der Entdeckung: Stille, klare Gebirgsseen, wildromantische Wanderwege, eine unbeschreiblich schöne Landschaft...

☞ Auskünfte über das Salzkammergut erteilt die Tourismusregion Salzkammergut, Kaltenbachstraße 26, 4820 Bad Ischl, Tel. +6132/26909-0, Fax 26909-14. Die Bahnverbindung von Linz nach Gmunden und Bad Ischl erfordert ein Umsteigen in Attnang-Puchheim. Zum Attersee kann man mit einer Lokalbahn über Vöcklabruck nach Kammer-Schörfling gelangen. Innerhalb der Region besteht ein dichtes Netz von Bundesbus-Verbindungen. Das Salzkammergut ist auch für Radwanderungen geeignet, allerdings sind wegen der Enge zwischen den Bergen und Seen nicht überall Radwege vorhanden.

Praktische Informationen

Sofern nicht ausdrücklich Postleitzahl und Ort genannt werden, gilt für die angeführten Adressen die Postleitzahl **A-4020 Linz.**

Die **Vorwahl für Linz** ist in Österreich **0732**, aus dem Ausland **004370.** Telephonnummern außerhalb von Linz werden mit der jeweiligen Vorwahl angegeben. Die Vorwahl (+664) bezieht sich auf Funktelephone und ist immer zu wählen.

Anreise

Mit der Bahn: Linz liegt an der Westbahnstrekke Wien–Salzburg und ist Endpunkt der Pyhrnbahn Graz–Selzthal–Linz und der Bahnstrecke Budweis–Summerau–Linz. Es bestehen zahlreiche direkte Zugverbindungen von und nach Süddeutschland (über Salzburg–München) und Norddeutschland (über Wels–Passau–Nürnberg), in die Schweiz (über Salzburg–Innsbruck–Buchs/SG), nach Ungarn (über Wien–Hegyeshalom) und nach Prag (über Summerau–Budweis). Mit der Bahn sind auch die wichtigsten Ausflugsregionen erreichbar (Salzkammergut über Wels–Attnang-Puchheim, oberes Mühlviertel von Linz-Mühkreisbahnhof, unteres Mühlviertel über die Summerauer Bahn sowie über St. Valentin, Pyhrn-Eisenwurzen über die Pyhrnbahn Richtung Selzthal, Strudengau und Wachau sowie Steyr über St. Valentin).

Zugauskunft Linz, Tel. 1717.
Für die Hauptstrecken Tonbandauskunft
Richtung Wien Tel. 1522,
Richtung Salzburg und weiter Tel. 1523,
Richtung Passau und weiter Tel. 1524,
Richtung Graz / Salzkammergut Tel. 1524.

Mit dem Auto:
Über die **Autobahn**:
aus Richtung Wien über die Westautobahn (A1) bis Knoten Linz;
aus Richtung Graz über Pyhrn- (A9) und Westautobahn (A1) bis Knoten Linz;
aus Richtung Villach über Tauern-(A10) und Westautobahn (A1) bis Knoten Linz;
aus Richtung Innsbruck oder München über Westautobahn (A1) über Salzburg bis Knoten Linz;
aus Richtung Regensburg–Passau über Innkreis- (A8/A25) und Westautobahn (A1) bis Knoten Linz;
aus Richtung Prag–Budweis über die Mühlkreisautobahn (A7).
Landschaftlich interessanter sind die **Alternativen zur Autobahn:** etwa von Wien über die Wachau (B3), von Passau durch das Donautal (B130/131).

Mit dem Flugzeug: Vom Flughafen Linz-Hörsching regelmäßige Linienverbindungen von und nach Zürich und Frankfurt.

Flughafen Linz:
Postfach 11, 4063 Hörsching, Tel. (+7221) 72700-0; Flughafenschnellservice DW 123.
Austrian Airlines und **Swissair**:
Schubertstr. 1, Tel. 770055–57.
LITAG Taxifluggesellschaft:
Flughafen Linz, 4063 Hörsching,
Tel. (+7221) 72700-409.
Lufthansa:
Blumauerstraße 3–5, Tel. 665701.
Transfer: Flughafen – Hauptbahnhof. Abfahrtzeiten richten sich nach den Flugzeiten, Auskünfte bei den Fluggesellschaften und am Flughafen.

Mit dem Schiff: (nur in den Sommermonaten, von April / Mai bis Ende September / Anfang Oktober): Wien–Linz ca. 12½ Stunden, Linz–Wien ca. 11 Stunden, Passau–Linz ca. 5 Stunden, Linz–Passau ca. 6 Stunden.

Erste Donau-Dampfschiffahrt-Gesellschaft (DDSG): Untere Donaulände 10, Tel. 783607, 771090, Fax 783607-9;
Agentie Passau: Im Ort 14a, D-94032 Passau, Tel. (+851) 33035, Fax 33032.
Donauschiffahrt Wurm & Köck:
Höllgasse 26, D-94032 Passau,
Tel. (+851) 929292, Fax 35518.

Mit dem Fahrrad: Linz liegt am sehr gut ausgebauten **Donauradweg** Passau–Wien und ist je nach Kondition, Eile und Laune von Passau aus in ein bis zwei Tagesetappen, von Wien aus in zwei bis vier Tagesetappen zu erreichen. In der Sommersaison ist es empfehlenswert, die Etappenquartiere vorzubuchen. Auskünfte und Informationsmaterial sind erhältlich bei:

Landesverband für Tourismus für Oberösterreich, Schillerstraße 50, Tel. 600221-0, Fax 600220;
Oberösterreich-Info, Tel. 771264;
Tourismusregion Mühlviertel, Blütenstr. 8, 4040 Linz, Tel. 235020, 238155, Fax 2150:
Niederösterreichische Fremdenverkehrswerbung, Hoher Markt 3/7/705, 1014 Wien, Tel. (+222) 53110-6164, Fax 53110-6060;
Austria Radreisen, Holzingerstr. 546, 4780 Schärding, Tel (+7712) 5511, Fax 4811.

Bäder

Biesenfeld (Hallenbad/Sauna), Dornacher Straße 37, Tel. 253315.
Schörgenhub (Hallenbad/Sauna), Schörgenhubstraße 16, Tel. 305238.
Parkbad (Hallen-/Freibad und Sauna), Untere Donaulände 11, Tel. 776508.
Hummelhof (Freibad), Maderspergerstraße 2, Tel. 41470.
Hummelhof (Hallenbad/Sauna), Ramsauerstraße 12, Tel. 41470.
Auhof (Hallenbad), Julius-Raab-Str.10, Tel. 2457-0.

Banken und Wechselstuben

Öffnungszeiten der Banken:
Mo, Di, Mi 8.00–16.30, Do 8.00–17.30, Fr 8.00–14.00, mittags teilweise geschlossen.
Geldwechsel im Postamt 4010 Linz, Domgasse 1, Mo–Fr 7.30–18.30 (1. Stock), Sa 8.00–11.00 (Parterre).
Sparda Bank Linz, Zweigstelle Hauptbahnhof: Mo–Fr 8.00–19.00, Sa 8.00–12.00 u. 13.00–17.00, So, Fei 8.00–12.00.
Valutenwechselautomaten: Oberbank, Mozartkreuzung; Raiffeisenkasse, Landstr. 26; Sparda, Hauptbahnhof

Buchhandlungen (in der Innenstadt)

Alex, Hauptplatz 17, Tel. 782440.
Amadeus, Landstr. 41, Tel. 76150.
Fessl, Herrenstr. 21 / Bischofstr., Tel. 775050.
Fürstelberger, Landstr. 49, Tel. 773177.
Haslinger, Klosterstr. 6, Tel. 771382-0.
Korb, Landstr. 22, Tel. 772887.
Neugebauer, Landstr. 1, Tel. 771766-0.
Pirngruber, Landstr. 34, Tel. 772834.

Camping

Campingplatz Linz-Pichlinger See, Wiener Bundesstraße 937, 4033 Linz, Tel. 305314. Ganzjährig geöffnet, Restaurant.
Campingplatz Linz-Pleschinger See, beim Restaurant Kolmer, Tel. 247870. Begrenzte Kapazität, nur für Zelte geeignet.

Casino

Casino Linz im Hotel Schillerpark, Rainerstr. 2-4, Tel. 654487. Öffnungszeiten: täglich (außer Karfreitag, 1.11. und 24.12.) ab 15.00. Roulette, Black Jack, Baccara, Poker, Glücksrad, Red Dog, Sic Bo, Automaten. Eintritt: frei (ohne Jetons) oder 210 S, dafür erhält man 5 Jetons à 50 S.

Fahrrad

Linz hat gut ausgebaute Radwege, auch in der Innenstadt. In der Fußgängerzone ist das Fahren mit dem Rad nicht gestattet. Für Radfahrer gibt es kostenlos die **Linz City Tips** mit Stadtplan in der **Tourist Information**, Hauptplatz 5, Tel. 2393/1777–1779.

Fahrradverleih

Fremdenverkehrszentrale Linz, Urfahrmarkt 1, Tel. 712912;
Fahrradzentrum B7, Oberfeldstr. 12, Tel 330550;
ARBÖ Hafenstr. 6, Tel. 790811/24;
LILO-Lokalbahnhof, Coulinstr. 30, Tel. 654376;
Botanischer Garten, Roseggerstr. 20, Tel. 2393/1872;
VKB–Bank (Urfahr), Linke Brückenstr. 24–26, Tel. 236523;
VKB–Bank (Froschberg), Ziegeleistr. 74, Tel. 669226;

Feiertage

Gesetzliche Feiertage: 1. Jänner, 6. Jänner, Ostermontag, 1. Mai, Christi Himmelfahrt, Pfingstmontag, Fronleichnam, 15. August, 26. Oktober (Nationalfeiertag), 1. November, 8. Dezember, 25. Dezember, 26. Dezember. Am Karfreitag und am 24. Dezember sind Theater, Kinos und Konzertsäle geschlossen. Geschäfte, Kaffeehäuser und Restaurants (ausgenommen Restaurants in großen Hotels) schließen bereits am Nachmittag. An Sonn- und Feiertagen sind Banken, Geschäfte, Ämter und einige Restaurants geschlossen.

Flohmarkt

Jeden Samstag, ausgenommen an gesetzlichen Feiertagen und am »Tag der offenen Tür« der Stadt Linz sowie an Samstagen, die auf den 24. oder 31. Dezember fallen.
Hauptplatz (1.3.–10.11.) 7.00–14.00.
Vorplatz beim Neuen Rathaus
(11.11. bis Ende Februar) 8.00–14.00.

Fremdenverkehrsstellen in Linz

Fremdenverkehrszentrale Linz – Tourist Information: Hauptplatz 5, 4010 Linz, Tel. 2393/1777–1779, Fax 772873. Öffnungszeiten: 26.10–30.4.: Mo–Fr 8.00–18.00, Sa 8.00–11.30 und 12.30–18.00, So, Fei 9.00–11.30 und 12.30–18.00; 1.5.–25.10.: Mo–Fr 8.00–19.00, Sa, So, Fei 8.00–11.30 und 12.30–19.00.
Fremdenverkehrszentrale und Tourismusverband Linz: Urfahrmarkt 1, 4040 Linz, Tel. 2393/2920–2929, Fax 700494. Öffnungszeiten: Mo, Do 7.00–12.30 und 13.30–18.00, Di, Mi 7.00–16.00, Fr 7.00–14.00.
Tourist Information Hauptbahnhof (Sparda Bank): Öffnungszeiten: Mo–Fr 8.00–19.00, Sa 8.00–12.00 und 13.00–17.00, So, Fei 8.00–12.00.
Landesverband für Tourismus in Oberösterreich: Schillerstr. 50, 4010 Linz, Tel.600221-0, Fax 600220; **Oberösterreich Information:** Tel. 1702. Öffnungszeiten: Mo–Do 8.30–12.00 und 13.00–16.30, Fr 8.30–12.00
Tourismusregion Mühlviertel: Blütenstr. 8, 4040 Linz, Tel. 235020, 238155, Fax 712400. Öffnungszeiten: Mo–Do 8.00–12.00 und 13.00–17.00, Fr 8.00–13.00

Gastronomisches

Das Angebot an gastronomischen Betrieben ist umfassend und reicht von Spitzenrestaurants mit internationaler Haute Cuisine über Exotisches aus aller Welt bis zur österreichischen Variante des »Fast-Food«, dem Würstelstand. Beliebt sind die zahlreichen regionalen Wirtshäuser mit teilweise jahrhundertealter Tradition.
Neben Internationalem wird vor allem die eher deftige oberösterreichische Küche angeboten, zunehmend ergänzt durch die etwas leichtere »Nouvelle Cuisine Autrichienne«. Auch viele »In-Lokale« heißen hierzulande »Beisel« und sind besonders im Bereich Hauptplatz–Altstadt–Hofgasse–Hofberg –Obere Donaulände (»Bermuda-Dreieck«) konzentriert. Einen Überblick, aufgeschlüsselt nach der Angebotspalette (samt einer Auflistung der Gastgärten), bietet die Broschüre **Linz is(s)t gut**, erhältlich in der **Tourist Information**. Hier eine kleine Auswahl:

Restaurants

Auf der Wies,
Leonfeldnerstr.156, Tel. 254654.
Breitwieserhof, Brucknerstr. 38, Tel. 51051.
Donaublick, Hauptstr. 1, Tel. 710315.
Donauparkrestaurant,
Untere Donaulände 9, Tel. 7626-0.
Ebelsbergerhof,
Wiener Str. 485, Tel. 311733.
Godot, Wiener Str. 25, Tel. 668016.
Goldener Adler – l. Linzer Nudeloper,
Hauptstr. 56, Tel. 239580.
Kleinmünchnerhof,
Dauphinestr.19, Tel. 303781.
Landhof, Pummererstr. 4a, Tel. 779832.
Linzer Stuben, Klammstr. 7, Tel. 779028.
Restaurant am Schillerpark,
Schillerplatz 2, Tel. 6950.
Schloßcafé, Tummelplatz 10, Tel. 781574.
Schwarzer Anker,
Hessenplatz 4, Tel. 778246.
Sturm's Wirtshaus,
Am Pöstlingberg 12, Tel. 231483.
Sudpfandl, Bischofstr.15, Tel. 781008.
Theatercasino, Promenade 39, Tel. 777661.
Ursulinenhof, Landstr. 31, Tel. 774686.
Wienerwald, Promenade 22, Tel. 771419;
Freinbergstr. 18, Tel. 777881;
Blumauerstr. 9, Tel. 58765.

Regionale Wirtshäuser

Aigner, Am Pöstlingberg 6, Tel. 231071.
Alte Welt, Hauptplatz 4, Tel. 770053.
Etagenbeisl, Domgasse 8, Tel. 771346.
Goldener Anker, Hofgasse 5, Tel. 771088.
Goldenes Kreuz, Pfarrplatz 11, Tel. 771333.
Goldenes Schiff,
Ottensheimerstr. 74, Tel. 239879.
Gösserkeller, Pfarrgasse 8, Tel. 771165.
Kasperkeller, Spittelwiese 1, Tel. 773692.
Klosterhof, Landstr. 30, Tel. 773373.
Lindbauer,
Linke Brückenstr. 2, Tel. 231597.

Marktstuben, Schillerstr. 68, Tel. 669800.
Stadtwirt, Bismarckstr. 1, Tel. 773165.
Tramway im Stockhof, Stockhofstr. 27, Tel. 51651.
Wilder Mann, Goethestr.14, Tel. 56078.
Zum alten Flösser, Hafenstr. 4, Tel. 777314.
Zum Auerhahn, Freistädter Str. 228, Tel. 250445.
Zum goldenen Dachl, Hafnerstr. 27, Tel. 775897.
Zum Hofwirt, Kaisergasse 6, Tel. 773086.
Zum schwarzen Bären, Herrenstr. 9–11, Tel. 772477-0.

Ausländische Restaurants

Capri, Goethestr. 7, Tel. 663437.
Casa do Antonio, Schubertstr. 3, Tel. 778094.
Chinarestaurant Lotos, Landstr.11, Tel. 771533.
El Greco, Hauptplatz 15–16, Tel. 785405.
Goldene Pagode, A.-Stifter-Platz 2, Tel. 771031.
Izakaya, Adlergasse 14, Tel. 782306.
Kim San, Hauptplatz 4, Tel. 771497.
La Piazza, Hessenplatz 19, Tel. 783909.
Levante, Hauptplatz 13, Tel. 793430.
Monte Verde, Hauptstr. 63, Tel. 237348.
Napolitana da Alfredo, Bethlehemstr. 38, Tel. 778055.
Pastina, Neutorgasse 5, Tel. 2735653.
Pulcinella, Ottensheimerstr. 32, Tel. 238930.
Shalimar, Bethlehemstr. 38, Tel. 783168.
Singapore Am Dom, Baumbachstr. 9, Tel. 775201.
Tokyo Steakhaus, Landstr.12, Tel. 795552.
Zum Kleinen Griechen, Hofberg 8, Tel. 782467.

Cafés und Konditoreien

Bruckmüller, Rudigierstr. 8, Tel. 773469; Novaragasse 6, Tel. 58739.
Café am Park, Schillerplatz 2, Tel. 6950.
Centrum, Hofgasse 14, Tel. 771395.
Cinematograph, Obere Donaulände 51, Tel. 785603.
Glockenspiel, Hauptplatz 18, Tel. 795399.
Jentschke, Landstr. 24, Tel. 770089.
Jindrak, Herrenstr. 22, Tel. 779258; Südbahnhof 23, Tel. 600826; Grünmarkt Urfahr, Tel. 2318632.
Kaffeehäferl, Domgasse 6, Tel. 770867.
Landgraf, Hauptstr. 12, Tel. 700711.
Post-Café, Pfarrgasse 16, Tel. 775460.
Residenz-Café, Hauptplatz 12, Tel. 782119.
Stadtcafé, Landstr. 49, Tel. 795434.
Traxlmayr, Promenade 16, Tel. 773353.
Trento, Hauptplatz 13, Tel. 793430.
Trixner, Herrenstr. 41, Tel. 663881; Coulinstr. 1, Tel. 663029.
Wagner, Landstr. 15, Tel. 771765.
Wienerwald – Café Wien, Klosterstr. 3, Tel. 771419.
Wrann, Krankenhausstr.1, Tel. 774087; Hofgasse 6, Tel. 773288; Hauptstr. 35, Tel. 230552; Herrenstr. 46, Tel. 773288; Landstr. 70, Tel. 773288.
Zum Paragraphen, Graben 8, Tel. 771873.

Pubs – Beisel

1. Akt, Klammstr. 20, Tel. 775131.
17er Keller, Hauptplatz 17, Tel. 779000.
Andy's Treff, Rudolfstr. 24, Tel. 230847.
Austria, Klosterstr. 5, Tel. 771026.
Corretto, Hofgasse 12, Tel. 775822.
La Fleur, A.-Stifter-Platz 2, Tel. 777671.
Musikcafé Cello, Graben 17, Tel. 773218.
Plank, Hauptstr. 47, Tel. 231048.
Podium, Hofberg 6, Tel. 776688.
Posthof, Posthofstr. 43, Tel. 777834.
Purzelbaum, Obere Donaulände 11, Tel. 779309.
's Durchhaus, Hofgasse 9, Tel. 775465.
's Eckerl, Hofberg 11, Tel. 770104.
's Kistl, Altstadt 17, Tel. 784545.
's Linzerl, Hofberg 5, Tel. 782163.
Schreber's, Hofgasse 10, Tel. 782744.
Urfahraner Stube, Rudolfstr. 21, Tel. 710379.
Vanilli, Hofgasse 8, Tel. 776882.
Vranitzky, Landstr. 28, Tel. 771841.

Heurige – Weinstuben

10-erl, Klosterstr.10, Tel. 774390.
Alte Weinstube, Graben 14, Tel. 772824.
Alte Welt, Hauptplatz 4, Tel. 770053.
Baumgartner, Lederergasse 15, Tel. 774862.
Spatzenbauer, Berggasse 39, Tel. 236245.
Wachauer Weinhaus, Pfarrgasse 20, Tel. 774618.
Weinfassl, Kirchengasse 6, Tel. 235096.

Geld

Die **Währungseinheit** ist der Schilling (S) zu 100 Groschen.

Es gibt **Münzen** zu 2, 5, 10, 50 Groschen, Münzen zu 1, 5, 10, 20, 25, 50, 100, 500 und 1000 Schilling (die Silbermünzen zwischen 25 und 500 S sind selten im Umlauf, die Goldmünze zu 1000 S praktisch überhaupt nicht) und **Banknoten** zu 20, 50, 100, 500, 1000 und 5000 Schilling.

Geschäftszeiten

Die Geschäfte sind im allgemeinen zu folgenden Zeiten geöffnet: Mo–Fr 9.00–18.00, Sa 9.00–12.00. Einige Geschäfte (z.B. Lebensmittelgeschäfte, Tabaktrafiken) öffnen schon vor 9.00, haben aber eine Mittagspause, manche haben donnerstags bis 20.00 und/oder am ersten Samstag im Monat bis 17.00 geöffnet.

Grottenbahn

Öffnungszeiten: Von Samstag vor dem Palmsonntag bis einschließlich 2. November (Allerseelen) täglich 9.00–16.45, von 1. Mai bis 30. September täglich 9.00–17.45. Die Grottenbahn kann auch für Veranstaltungen gemietet werden.

Eintritt: Erwachsene 40 S; Kinder (2 bis 15 Jahre) 20 S; Gruppenermäßigung (ab 10 Pers.): Erwachsene 35 S, Kinder 15 S.

Konsulate

Honorarkonsulat der Bundesrepublik Deutschland, Römerstr. 4, Tel. 797701.

Konsularagentur der Schweizerischen Eidgenossenschaft, Eisenhandstr. 15, Tel. 783741.

Konzert – Theater – Oper

Informationen über das laufende Programm bietet der kostenlose monatliche Informationsfolder **Linz ist los**, erhältlich in der **Tourist Information**, Hauptplatz 5, Tel. 2393/1777–1779.

Brucknerhaus: Untere Donaulände 7, Tel. 7612-0.

LIVA-Kasse: Tel. 775230, Mo–Fr 10–18 und eine Stunde vor Veranstaltungsbeginn.

Kuddelmuddel Ich & Du: Langgasse 13, Tel. 600444.

Landestheater: Promenade 39, Tel. 7611-0. Zentrale Vorverkaufskasse: Promenade 39, Tel. 7611-100, Mo–Fr 10.00–18.00, Sa 10.00–12.30. Abendkassen: Großes Haus, Tel. 7611-101, Kammerspiele, Tel. 7611-102, Theaterkeller im Ursulinenhof, Landstr. 31, Tel. 7611-103. Die Abendkassen sind jeweils 1½ Stunden vor Vorstellungsbeginn geöffnet.

Linzer Kellertheater: Hauptplatz 21, Tel. 784120. Mi, Fr 10.00–12.00.

Posthof: Posthofstr. 42, Tel. 770548-0. Posthofkasse: Tel. 781800.

Theater Phönix: Wiener Str. 25, Tel. 666500, 662641.

Museen – Galerien – Ausstellungen

Informationen über Dauer- und Sonderausstellungen enthält der kostenlose monatliche Informationsfolder **Linz ist los**, erhältlich in der **Tourist Information**, Hauptplatz 5, Tel. 2393/1777–1779.

Berufsvereinigung der bildenden Künstler: Landstr. 31, Tel. 779868; Mo–Sa 15.00–19.00, So, Fei 10.00–12.00.

Design Center Linz: Europaplatz 1, Tel. 6966-0.

Galerie Club der Begegnung: Landstr. 31, Tel. 774007; Mo–Fr 15.00–19.00.

Galerie Eder: Knabenseminarstr. 41, Tel. 2319745; Mo 19.00–22.00 u. n. Vereinbarung.

Galerie Figl: Dinghoferstr. 44, Tel. 669640; Do 15.00–19.00, Fr 14.00–17.00, Sa 10.00–13.00.

Galerie des Oö. Kunstvereins: Landstr. 31, Tel. 795355; Mo–Fr 15.00–19.00, Sa 9.00–12.30, So 10.00–12.00.

Kulturverein Schloß Ebelsberg: Schloßweg 7, Tel. 307632.
Sa, So, Fei 10.00–12.00, 13.00–17.00 u. n. Vereinbarung.

Landeskulturzentrum Ursulinenhof: Landstr. 31, Tel. 781912-0

Liebe Dinge – Galerie für Naive Kunst: Bismarckstr. 10, Tel. 777404; Mo–Fr 10.00–18.00, Sa 9.00–12.00.

Mühlviertler Künstlergilde: Landstr. 31, Tel. 794120; Mo–Sa 15.00–19.00, So 10.00–12.00.

Neue Galerie der Stadt Linz: Blütenstr. 15, Tel. 2393-3600; Mo–So 10.00–18.00, Do bis 22.00.

»Nibelungen-Galerie« Schalberger: Hauptplatz 15–16, Tel. 795334; Mo–Sa 12.30–13.30, 18.00–21.00.

Offenes Kulturhaus: Dametzstr. 30, Tel. 784178-0.
Oö. Fotogalerie der Fotograf. Gesellschaft: Landstr. 31; Mo–Sa 9.00–19.00, So 10.00–12.00.
Oö. Landesmuseum – Biozentrum: J. W. Kleinstraße 73, 4040 Linz, Tel. 759733, Mo, Di, Do 9.00–12.00 und 14.00–17.00, Mi, Fr 9.00–12.00.
Oö. Landesmuseum – Landesgalerie: Museumstr. 14, Tel. 774482, Di–Fr 9.00–18.00, Sa, So, Fei 10.00–18.00.
Oö. Landesmuseum – Schloßmuseum: Tummelplatz 10, Tel. 774419, Di–So 9.00–17.00.
Stadtmuseum Nordico: Bethlehemstr. 7, Tel. 2393-1912; Di–Fr 9.00–18.00, Sa–So 14.00–17.00.

Notrufnummern

Feuerwehr 122
Polizei 133
Rettung 144

Öffentliche Verkehrsmittel

Die Stadt wird in ihrer Nord-Süd-Richtung von der Straßenbahn (Linie 1: Universität–Auwiesen, Linie 3: Bergbahnhof Urfahr–Hauptbahnhof) durchquert. Von dieser Hauptachse erschließen Bus- und Obuslinien das gesamte Stadtgebiet. Einzelfahrkarten sind am Automaten an den Haltestellen, Mehrfahrtenkarten in Tabaktrafiken und in der Tourist Information erhältlich. Die Fahrscheine sind immer vor Fahrtantritt an der Haltestelle zu entwerten – kein Fahrscheinverkauf und keine Entwerter in den Fahrzeugen! Die Pöstlingbergbahn wird zwar auch von der ESG (der städtischen Verkehrs- und Energiegesellschaft) betrieben, hat aber einen gesonderten Tarif.

Fahrkartenangebot:
Für **Erwachsene** (ausgenommen Pöstlingbergbahn): Mini (Kurzstrecke, 10 S, Sechserblock 44 S), Midi (einfache Fahrt, 18 S, Sechserblock 84 S), Maxi (Tageskarte, bis zu 4 Kinder unter 15 Jahre frei, 35 S, Sechserblock 175 S). Die Wochenkarte kostet 120 S und erlaubt an Sa, So und Fei die Mitnahme von einem Erwachsenen und 4 Kindern. Darüberhinaus gibt es auch Monats- und Jahreskarten.
Für **Kinder (6–15 Jahre**, ausgenommen Pöstlingbergbahn): Mini (einfache Fahrt) 10 S, Midi (Tageskarte) 18 S.
Die **Erlebniskarte** gibt es als 2- und 3-Tages-Karte für alle Linien einschließlich der Pöstlingbergbahn (um 80 S bzw 100 S., Erlebniskarte für Kinder kostet die Hälfte). Für Kurzaufenthalte ist die **Pöstlingberg-Erlebniskarte** zu empfehlen, eine Tages-Streckenkarte für die Straßenbahnlinie 3 und die Pöstlingbergbahn (Erwachsene 48 S, Kinder 24 S). Die Erlebniskarten sind ausschließlich in der Tourist Information (Hauptplatz 5 bzw. Hauptbahnhof) und bei der ESG, Landstraße 85, erhältlich.
Nach Mitternacht (0.30–3.30) bedient das **Anruf-Sammeltaxi AST** von den Haltestellen Rudolfstraße, Hauptplatz, Schillerpark, Blumauerplatz, Hauptpbahnhof und Herz-Jesu-Kirche die Nachtschwärmer. Erforderlich ist ein Anruf mindestens 30 Minuten vor der gewünschten Abfahrtszeit unter der AST-Nummer 66 12 66. Anzugeben sind Abfahrtszeit und -Ort, Fahrziel und Personenzahl. Um 45 S pro Person unter Umständen eine preiswerte Alternative zur »normalen« Taxifahrt.

Parken

Bis auf ganz wenige Ausnahmen ist die gesamte Innenstadt Kurzparkzone. Kurzparkzonen sind durch blaue Markierungen gekennzeichnet und während der Geschäftszeiten gebührenpflichtig (begonnene ½ Stunde 5 S). Parkscheinautomaten befinden sich an zentraler Stelle im Bereich der Kurzparkzone. Die maximale Parkdauer beträgt allgemein 90 Minuten, in Einzelfällen auch weniger.
Überschreitungen der erlaubten oder bezahlten Parkzeit werden unnachsichtig verfolgt (Mindeststrafe 200 S), es empfiehlt sich deshalb, entweder einen Gebührenparkplatz oder eine Parkgarage aufzusuchen oder das Auto überhaupt auf einem der kostenlosen Großparkplätze abzustellen und die Stadt zu Fuß bzw. mit der Straßenbahn zu erkunden.

Großparkplätze (kostenlos):
Brucknerhaus-Parkplatz, Honauerstraße / Fabrikstraße; Stadion-Parkplatz, Ziegeleistraße; Urfahrmarkt-Gelände (3000 Parkplätze, 5 Minuten zu Fuß zum Hauptplatz. Shuttle-Taxi um 30 S pro Wagen bis Hauptplatz)

Parkgaragen (gebührenpflichtig):
Rund um die Uhr geöffnet:
Bethlehemstr.12; Lentia-Garage, Schmiedegasse 14 (bis zwei Stunden gratis); Südbahnhof-Parkgarage, Khevenhüllerstraße; Parkgarage am Blumauerplatz
Unterschiedliche Öffnungszeiten
(Ein- und Ausfahrt nur zu den Öffnungszeiten möglich): Domgarage, Stifterstraße 21; Mozart City Center, Dametzstraße; Hauptplatz-Garage; Hessenplatz-Garage, Fadingerstraße; Parkgarage Seilerstätte, Rudigierstraße; Parkgarage Neues Rathaus, Flußgasse; Parkhaus Grünmarkt, Kaarstr. 11; Parkgarage Passage-Kaufhaus.
Preise: je Stunde zwischen 10 S und 29 S; Tageshöchstsätze für 24 Stunden zwischen 100 S und 290 S.

Gebührenparkplätze
Hopfengasse / Kapuzinerstraße;
Dametzstraße / Harrachstraße;
Kärntnerstraße (Nähe Hauptbahnhof);
Bismarckstraße (neben Vereinshaus, nur samstags).
Preise: je Stunde zwischen 10 S und 20 S; Tageshöchstsätze für 24 Stunden 60 S.

Souvenirs

Das Souvenir ist zweifellos die **Linzer Torte**
Nach alten Traditionsrezepten gebacken, ist sie relativ lange haltbar – ihr volles Aroma entwickelt sie ohnehin erst nach ein paar Tagen. Sie ist in verschiedenen Größen überall in den Konditoreien erhältlich.

Stadtführungen

Führungen erfolgen ausschließlich durch staatlich geprüfte Fremdenführer und sind jederzeit nach Voranmeldung möglich, auch zu speziellen Themenwünschen.
Nähere Informationen: Tourist Information, Hauptplatz 5, Tel. 2393/1770.
Reservierung:
Gundi S. Grabner, Roseggerstr. 1,
Tel. / Fax 657757
Josef Kreilmeier, Hirschgasse 52,
Tel. / Fax 790982, Tel. (+664) 1003136,
Ernst Wiesinger, Wienerstr. 89,
Tel. / Fax 602360

Taxi

Autofunk-Taxi Tel. 6969;
Linzer Taxi Tel. 1718;
Autofunk-Taxi gelb Tel. 2136, 43243;
Mietwagen-Taxi GmbH Tel. 6955.

Städtepartnerschaften und Städtefreundschaften

Berlin-Charlottenburg (D)
Braila (Rumänien)
Budweis (Tschechien)
Chengdu (China)
Debrecen (Ungarn)
Dukovany (Slowakei)
Dunajvaros (Ungarn)
Gabes (Tunesien)
Haifa (Israel)
Halle/Saale(Deutschland)
Kansas City (USA)
Katowice (Polen)
Kaunas (Litauen)
Linz/Rhein (Deutschland)
Modena (Italien)
Monterrey (Mexico)
Nishnij Nowgorod (Russland)
Rijeka (Kroatien)
San Carlos (Nicaragua)
Saporoshje (Ukraine)
Southampton (Großbritannien)
Tampere (Finnland)
Tongkwangyang (Südkorea)
Ulm (Deutschland)
Ustí nad Orlici (Tschechien)
Zlín (Tschechien)

Hotels

Die Einteilung der Hotels folgt der offiziellen Kategorie-Bewertung, die nach Ausstattungsmerkmalen erfolgt. Der von der Fremdenverkehrszentrale Linz herausgegebene Prospekt **Linz über Nacht** enthält Detailinformationen zu den Hotels und einen Stadtplan und ist gratis erhältlich bei der **Tourist Information**, Hauptplatz 5, Tel. 2393-1777, Fax 772873. Über die Tourist Information werden auch kostenlos Hotelreservierungen vorgenommen.

*****

Hotel Schillerpark, Am Schillerplatz, Tel. 6950, Fax 6950-9, Telex 2-22107 schip a.

****

City-Hotel, Schillerstr. 52, Tel. 652622, Fax 651308, Telex 2-21077.
Dom-Hotel, Baumbachstr. 17, Tel. 778441, Fax 775432, Telex 2-21564.
Ebelsbergerhof, Wienerstr. 485, Tel. 311733, Fax 311733-402, Telex 2-29260 ehof a.
Landgraf Suites, Hauptstr. 12, Tel. 236441-0, Fax 230841, Telex 2-22784.
Novotel Linz, Wankmüllerhofstr. 37, Tel. 347281-0, Fax 349335, Telex 2-22618.
Prielmayerhof, Weißenwolffstr. 33, Tel. 774131, Fax 771569, Telex 2-22710.
Ramada Hotel Linz, Europaplatz 2, Tel. 6959-0, Fax 606090.
Spitz-Hotel, Karl-Fiedler-Str. 6, Tel. 236441, Fax 230841, Telex 2-22784.
Trend-Hotel Linz, Untere Donaulände 9, Tel. 7626-0, Fax 7626-2, Telex 2-21962.

***

Bildungszentrum St.Magdalena, Schatzweg 177, Tel. 253041-0, Fax 253041-35.
Drei Mohren, Promenade 17, Tel. 772626, Fax 772626-6.
Goldener Adler, Hauptstr. 56, Tel. 231147, Fax 231147-5.
Hotel Ibis Linz, Kärntnerstr. 16, Tel. 342361, Fax 342361-75.
Kleinmünchen, Wiener Str. 406, Tel. 301313, Fax 301313-55.
Hotel Kolping, Gesellenhausstr. 5, Tel. 661690/513, Fax 661885.
Lokomotive, Weingartshofstr. 40, Tel. 654554/55, Fax 658337.
Nibelungenhof, Scharitzerstr. 7, Tel. 656047, Fax 658723-103.
Schwarzer Bär, Herrenstr. 9–11, Tel. 772477-0, Fax 772477-47.
Sommerhaus, Julius-Raab-Str. 10, Tel. 2457-376, Fax 2457-39.
Steigenberger Maxx, Am Winterhafen 13, Tel. 773921, Fax 773920.
Wolfinger, Hauptplatz 19, Tel. 773291-0, Fax 773291-55.

**

Böhmerwald, Gürtelstr. 30, Tel. 653548.
Donautal, Obere Donaulände 105, Tel. 795566, Fax 795566-7.
Goldener Anker, Hofgasse 5, Tel. 771088, Fax 771088.
Gründberghof, Gründbergstr. 65, Tel. 254516.
Haselgrabenstuben, Leonfeldnerstr. 322, Tel. 254143, Fax 2541486.
Mühlviertlerhof, Graben 24–26, Tel. 772268, Fax 772268-34.
Rosenhof, Wegscheiderstr. 76, Tel. 82662, Fax 82662.
Rothmayr, St. Margarethen 17, Tel. 774849, Fax 774849-70.
Wienerwald, Freinbergstr. 18, Tel. 777881, Fax 784673.
Wilder Mann, Goethestr. 14, Tel. 656078.

*

Goldenes Dachl, Hafnerstr. 27, Tel. 675480.
Schiefer Apfelbaum, Hanuschstr. 26, Tel. 653173.
Wankmüllerhof, Wankmüllerhofstr. 62, Tel. 344147.

Jugendherbergen

Jugendgästehaus, Stanglhofweg 3, Tel. 664434, Fax 602164.
Jugendherberge, Kapuzinerstr. 14, Tel. 782720, Fax 781789-4.
Landesjugendherberge, Blütenstr. 23, Tel. 237078.

Index

A

Adalbert-Stifter-Haus 103
d'Allio, Paolo 112
Alt-Urfahr 123
Alter Dom 94
Altmünster 151
Altomonte, Andreas 110, 131
Bart. 97, 109, 130, 131, 138
Martino 109, 112, 131
Anreise 154
Apothekerhaus 87
Ars Electronica 74
Ars Electronica Center 75, 123
Auhof 128
Ausstellungen 158

B

Bad Ischl 152
Bäder 155
Bahr, Hermann 43, 115
Banken und Wechselstuben 155
Barberini, Giovanni Battista 94
Barmherzige-Brüder-Kirche ... 114
Beduzzi, Antonio 30, 85
Behrens, Peter 51, 105, 128
Bellucci, Antonio 94
Bergschlößl 118
Bischofshof 115
Botanischer Garten 117
Brückenkopfbauten 80
Bruckner, Anton .. 42, 96, 113, 137
Brucknerhaus 64, 104
Buchhandlungen 155
Burschenschafterturm 130

C

Camping 155
Canevale, Cristoforo 22, 83
Francesco 102
Carlone, Bartolomeo 137, 140
Carlo (Maler) 110
Carlo Antonio 102, 137
Diego Francesco 110
Pietro Francesco 94
Casino 155
a Castrofranco, Cosmas 117
Celesti, Andrea 94
Colomba, Giovanni Battista 94

D

Design Center 119, 121
Deutschordenskirche 112
Diesterwegschule 120
Donaublick 101
Donaulände 103
Donaupark 103
Draxl, Franz Vital 131
Dreifaltigkeitssäule 84
Dürer, Albrecht 18

E

Ebensee 152
Ehrentletzberger-Haus 79
Eichmann, Adolf 61, 62
Eisenbahnbrücke 104
Europaplatz 121

F

Fadinger, Stefan 25
Fadingersäule 116
Fahrrad 155
Feichtelbauer, Hans 128
Feichtingerhaus 83
Feiertage 155
Fick, Roderich 80
Flohmarkt 156
Fouché, Joseph 83
Franz, Adam 138
Freihäuser 27
Freinberg 117
Freistadt 140
Friedberg 144
Friedenskirche 128
Friedrich III.17, 18, 45, 89, 98, 101
Wappenstein Schloß 100
Wappenstein Stadtpfarrk. 98
Friedrichstor 100

G

Galerien 70–75, 158
Gangl, Johann Baptist 102
Garstener Stiftshaus 99
Gastronomisches 156
Geld 158
von Gerstner, Franz Anton 39
Franz Josef 38
Geschäftszeiten 158
Gmunden 151
Gosau 152
Grottenbahn 127

H

Hallstatt 152
Haslinger, Johann 109, 131
Hauptplatz 78–86
Hauptzollamt 103
Hayberger, Gotthard 139
Heindl, Wolfgang 130
von Hildebrandt, Lukas 112
Hitler, Adolf 45, 56, 57
Hittmair, Rudolf 114
Hofgasse 86
Hohenecker Freihaus 88
Hohenfelder Freihaus 86
Hohenfurt 143
Holzmeister, Clemens 102, 118
Hotel Schiff 112
Hotels 161

I

Ignatiuskirche *siehe Alter Dom*
Imkerhof 90

J

Jahrmarktgelände 125
Jesuitenkloster 118
Jesuitenkolleg und Seminar 96
Jobst, Ignaz 127
Jörgersches Freihaus 88
Joseph II. 34, 35, 94
Jugendherbergen 161
Jung, Marianne 99

K

Kapuzinerkirche u. Kloster 117
Karl der Große 11, 101
Karmeliterkirche 110
Kaufm. Vereinshaus 120
Kefermarkt 140
Kepler, Johannes 24
Standbild 102
Keplerhaus 99
Kirchen
Alter Dom 94
Barmherzige Brüder 114
Deutschordenskirche 112
Elisabethinen 109
Friedenskirche 128
Jesuiten (Hl. Maximilian) .. 118
Kalvarienbergkirche 129
Kapuziner 117
Karmeliter 110
Maria-Thal-Kapelle 130
Martinskirche 12, 101
Minoritenkirche 92
Neuer Dom 112
Pfarrkirche Urfahr 125
Seminarkirche 112
St. Magdalena 127
Ursulinen 109
Kitzler, Otto 42
Klangwolke 72, 104
Klosterhof 110
Konsulate 158

Konzerte 158
Kremsmünsterer Haus 89
Kreuzschwesternschule 118
Krinner, Matthias Ludw. 97,126
Krismann, Franz Xaver 96, 137
Krumau 144
Kühne, Karl 120

L

Landhaus 92
Landkanzlei 88
Landstraße 107
Linzer Torte 29

M

Mansdorff, Palais 110
Maria-Thal-Kapelle 130
Martinskirche 101
Mauthausen 57, 146
  Konzentrationslager 146
Maximilian d'Este 118
Maximilian I. 17–19
Maximilianische Befestigung . 118
May, Karl 124
Mayer, Ignaz 40
Mazza, Giovanni Battista 94
Minoritenkirche 92
Modler, Johann Kaspar 97
Mondsee 152
Mondseer Stiftshaus 97
Montecuccoli, Raim. da ... 28, 117
Mozart, Wolfgang Amadeus 31
Mozarthaus 90
Museen 70–75, 158
Muys, Anton 100

N

Neuer Dom 112
Neues Rathaus 123
Nordico 108

O

Oberplan 144
Oberrauchenödt 142
Oper 158

P

Pacher, Michael 153
Parkbad 104
Parken 159
Peichl, Gustav 122
Pfarrplatz 97
Pferdeeisenbahn 39
Planck, Hans 24
Popp, Alexander 51, 105, 128
Pöstlingberg 123, 126
  Bergbahn 126
  Kirche 126
Prandtauer, Jakob ... 115, 138, 139
Prix Ars Electronica 74
Promenade 115
Pruckmayr, F. M. 115
Pruner, J. A. 30, 106
Prunerstift 106
Prunner, J. M. .. 97, 108, 110, 112, 114
Pyhrn-Eisenwurzen 150

R

Rathaus
  Altes Rathaus 78
  Neues Rathaus 123
  Urfahr 124
von Reslfeld, Carl 125
Rint, Johann 140
Rosenauer, Josef 144
Rosenberg 143
Rudigier, Franz Joseph 41, 112
Rudolph II. 22, 100

S

Salzkammergut 151
Sattler, Joseph Ignaz 117
Sattler, Leonhard 137
Schiffsmeisterhaus 124
Schloß 100
Schmidt, Johann Martin 114
Schmidt, Joseph 112
Schmidtorstraße 83
Schönerer, Matthias 39
Schulte, Julius 47, 124, 128
Schwanthaler, Thomas 153
Schwemmkanal 144
Seipel, Ignaz 53
Seminarkirche 112
Sint, Christian 28
Souvenirs 160
St. Florian, Ort 136–139
  Feuerwehrmuseum 139
  Heiliger 11, 136
  Jagdschloß Hohenbrunn 139
  Museumsbahn 139
  Stift 137–138
St. Gilgen 153
St. Magdalena 127
St. Margarethen 129
St. Michael ob Rauchenödt 142
St. Wolfgang 153
Stadion 118
Stadt- und Sporthalle 118
Stadtführungen 160
Stadtpfarrkirche 97
Starhemberger Freihaus 86, 90
Statz, Vinzenz 113
Steinhuber, Jakob 138
Steinmetzplatzl 124
Steyr 148–150
Stifter, Adalbert 41, 140, 143
  Denkmal 116
  Geburtshaus 144
  Wohnhaus 103
Stumpfegger, Sebastian 85
Südbahnhofmarkt 119
Synagoge 108

T

Tabakfabrik 105
Taubenmarkt 107
Tauber, Richard 115
Taxi 160
Teufelsmauer 143
Theater 70–75, 158
Tiergarten 126
Traunkirchen 151

U

Übelherr, Johann Georg 131
Universität 64, 128
Unterkunft 161
Urbanski, Josef 44, 126
Urfahrmarkt 46
Urnenhain 128
Ursulinenhof 109
Ursulinenkirche 109

V

Verkehrsmittel, Öffentliche 159
VÖEST 62, 63, 64
Vogel, Johann Konrad 120

W

Waaghaus 89
Weberschule 124
Weißenwolff, Freihaus 83, 108
Werndl, Josef 149
Wilhering 131
von Willemer, Marianne 99
Wirtschaft 133
Wittinghausen 144
Wollzeugfabrik 28, 105

Z

Zahlen und Daten 132
von Zelking, Christoph 140
Zeppenfeldt, Palais 114
Zola, Émile 39
Zola, Franz 39
Zoo 126

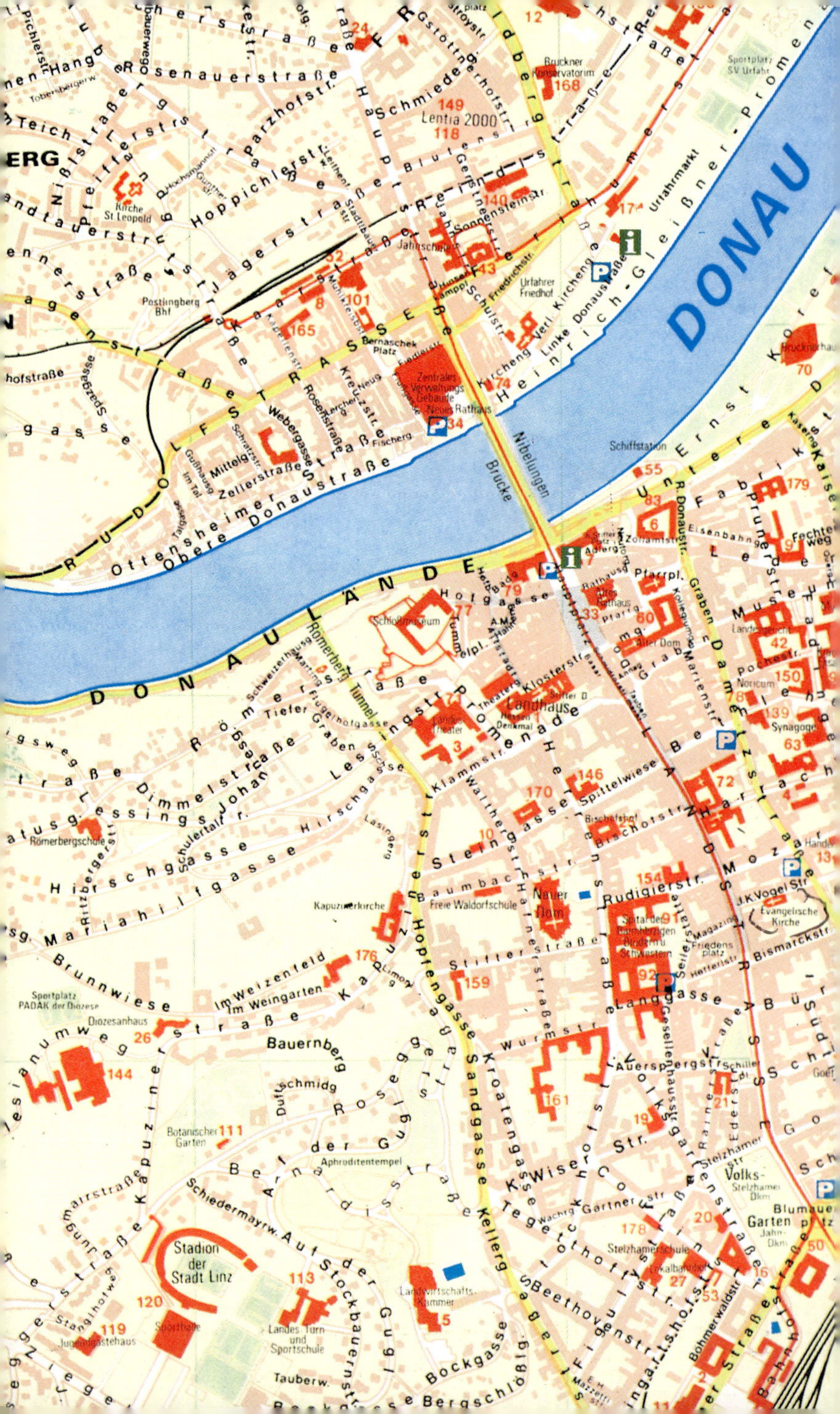

DONAU
Rosenauerstraße
Hoppichlerstr.
Kirche St Leopold
Postlingberg Bhf
Jägerstraße
Rudolfstraße
Webergasse
Mittelg.
Zellerstraße
Ottensheimer Straße
Obere Donaustraße
Fischerg.
Zentrales Verwaltungs Gebäude
Neues Rathaus
Nibelungen Brücke
Hauptstraße
Schmiedegasse
Lentia 2000
Bruckner Konservatorium
Sonnensteinstr.
Jahnschule
Urfahrer Friedhof
Linke Donaustraße
Heinrich-Gleißner-Promenade
Urfahrmarkt
Sportplatz SV Urfahr
Brucknerhaus
Schiffstation
Ernst Koref
Untere Donaulände
Fabrikstr.
Donaulände
Schloßmuseum
Hofgasse
Römerberg Tunnel
Römerstraße
Tiefer Graben
Pfarrpl.
Rathaus
Alter Dom
Landhaus
Promenade
Theater
Landestheater
Klammstr.
Herrenstraße
Spittelwiese
Bischofshof
Bischofstr.
Museumstr.
Landesgericht
Noricum
Synagoge
Graben
Dametzstr.
Harrachstr.
Landstraße
Lessingstr.
Hirschgasse
Dimmelstraße
Johannesgasse
Römerbergschule
Mariahilfgasse
Steingasse
Baumbachstr.
Freie Waldorfschule
Kapuzinerkirche
Kapuzinerstraße
Neuer Dom
Rudigierstr.
Spital der Barmherzigen Schwestern
Stifterstraße
Langgasse
Evangelische Kirche
J.K.Vogel Str.
Bismarckstr.
Im Weizenfeld
Im Weingarten
Brunnwiese
Sportplatz PADAK der Diözese
Diözesanhaus
Bauernberg
Hopfengasse
Sandgasse
Kroatengasse
Wurmstr.
Auerspergstr.
Volksgartenstraße
Botanischer Garten
Rosegger Str.
Aphroditentempel
Wiserstr.
Tegetthoffstr.
Gärtnerstr.
Stelzhamerschule
Volks-Garten
Blumauer
Schiedermayrw.
Stadion der Stadt Linz
Sporthalle
Jugendgästehaus
Landes Turn und Sportschule
Landwirtschafts-Kammer
Bockgasse
Tauberw.
Beethovenstr.
Bahnhofstraße
Böhmerwaldstr.
Kellergasse